改革创新
系列教材

市场营销基础与实务

微课版

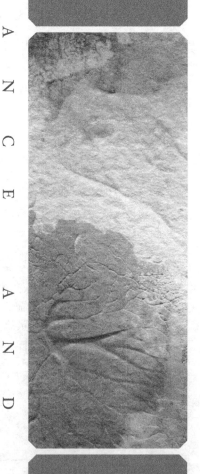

赵修美 周振
主编

赵洁
副主编

人民邮电出版社
北京

图书在版编目（CIP）数据

市场营销基础与实务：微课版 / 赵修美，周振主编
. —— 北京：人民邮电出版社，2024.2
职业教育改革创新系列教材
ISBN 978-7-115-62805-3

Ⅰ. ①市… Ⅱ. ①赵… ②周… Ⅲ. ①市场营销学—
职业教育—教材 Ⅳ. ①F713.50

中国国家版本馆CIP数据核字(2023)第187737号

内 容 提 要

本书借鉴和吸收了国内外市场营销的成熟理论和最新研究成果，基于对市场营销职业能力的分析，以项目为依托，以任务为载体，系统地阐述了市场营销的基础理论和基本技能，共分12个项目：走进市场营销、市场营销环境分析、市场购买者行为分析、营销调研、目标市场营销战略、市场竞争战略、产品策略、定价策略、营销渠道策略、整合促销策略、市场营销管理、市场营销的新发展。

本书以培养读者市场营销职业能力为导向，设置项目情境，设计有针对性的驱动任务，将理论知识学习与职业能力培养衔接融合，遵循"做中学、学中做"的一体化原则，配备习题与实训任务，以帮助学生提升营销工作岗位所需的职业技能。

本书紧密结合营销人员的实际岗位需求，内容新颖，讲解透彻，可作为职业院校、技工院校电子商务、市场营销等相关专业的教材，也可作为企业市场营销人员岗位培训教材和参考用书。

◆ 主　　编　赵修美　周　振

　　副主编　赵　洁

　　责任编辑　侯潇雨

　　责任印制　王　郁　彭志环

◆ 人民邮电出版社出版发行　　北京市丰台区成寿寺路 11 号

　　邮编　100164　　电子邮件　315@ptpress.com.cn

　　网址　https://www.ptpress.com.cn

　　固安县铭成印刷有限公司印刷

◆ 开本：787×1092　1/16

　　印张：14　　　　　　　　　　2024 年 2 月第 1 版

　　字数：242 千字　　　　　　　2025 年 8 月河北第 3 次印刷

定价：39.80 元

读者服务热线：(010)81055256　印装质量热线：(010)81055316
反盗版热线：(010)81055315

PREFACE

////////// 前 言 //////////

随着经济社会的飞速发展和市场环境的日新月异，消费者的需求和喜好日益多样化；而伴随着信息技术的不断发展，云计算、大数据等新兴技术不断涌现并被广泛应用于市场营销领域。这都对市场营销人员提出了更高的要求。

市场营销学是建立在经济科学、行为科学、现代管理理论基础之上的综合性应用型学科，研究以满足消费者需求为中心的企业市场营销活动及其规律，具有综合性、实践性的特点，兼备科学性与艺术性。市场营销是一项系统、复杂的工程，市场营销人员需要在掌握基础营销技能知识的基础上不断借助新技术、新方法、新理论进行相关消费数据的挖掘与分析。这对市场营销人才的培养提出了更高要求，不仅需要提升学习者的专业综合素养，还需要让其掌握市场营销的新方法、新技能。因此，市场营销教材的编写不仅要兼具理论性与实践性，还要关注前沿热点与前瞻问题。本书根据社会对市场营销人才的新需求，以培养市场营销人员的职业技能为目标，以理论与实践相结合的方式，对市场营销的基础理论和基本技能进行全面、系统的介绍。

本书特色

• **内容新颖、体系完善、强化应用**：本书紧跟行业发展，加入了新零售、跨界营销、数字营销、VR营销等新内容。按照"做中学、学中做"的原则，在简明扼要地介绍概念和理论的基础上，重点讲解行之有效的营销策略，并辅之精心设计的实训项目，重点培养读者的营销实践能力。

• **案例主导、学以致用**：本书列举了大量市场营销实践的精彩案例，同时涵盖最新最近的营销热点，以激发读者的学习兴趣。大量的案例操作和分析，让读者真正掌握市场营销的方法与技巧。

• **资源丰富、拿来即用**：本书配备了丰富的拓展学习资料，读者只需用手机扫描书中二维码，即可观看案例等拓展资料，方便直观，即学即会。同时，本书还提供了配套的PPT、教案、案例素材、习题任务等立体化的教学资源。

本书编写组织

本书由赵修美、周振担任主编，赵洁担任副主编，参加编写的还有：刘馨钰、戚龙博、阚玥。

在编写过程中，编者参考和吸纳了同行的许多研究成果和结论，在此致以诚挚的感谢！

尽管我们在编写过程中力求准确、完善，但书中难免有疏漏与不足之处，恳请广大读者批评指正，在此深表谢意！

编者

2023年11月

CONTENTS

目 录

项目1

走进市场营销

情
境
导
入

　　小张平常喜欢喝奶茶，他看到步行街上的奶茶店生意火爆，计划自主创业，在自己家乡（三线城市）开设一家奶茶加盟店。可是小张从未学过市场营销相关知识，对于如何进行市场分析及如何经营等问题有些困惑。他找到学市场营销专业的好友小艾，打算好好学习市场营销这门课程，为开奶茶店做准备。下面我们跟随小艾一起走进有趣的营销世界，了解市场营销及相关概念，积极树立现代营销理念，明确营销人员的职业素养与能力要求。

学习目标

1．明确市场营销的含义，理解市场营销的相关概念。
2．了解市场营销组合理论的发展。
3．明确市场营销观念的演变历程。
4．了解数字经济时代的营销特点。
5．明确营销人员的职业素养与能力要求。
6．能够结合企业和消费者行为解释市场营销的相关概念。
7．能运用现代营销观念指导企业的经营实践。
8．能运用市场营销理论进行营销活动分析。
9．树立正确的市场观、营销价值观。
10．提升诚实守信、爱岗敬业的职业素养。

任务1 探究市场和市场营销

活动1 明确市场营销及相关概念

一、认识市场

1．市场的含义

企业的营销活动都是在一定的市场环境下进行的，因此要研究市场营销，首先要了解市场。市场作为买卖双方进行交易的场所，是一个古老的概念，起源于古代人们对于在固定时段或地点进行交易的场所的称呼。随着商品交换的发展和人们对商品交易认识的变化，市场的含义也在逐步扩展。狭义的市场是指买卖双方交易商品的场所，如集市、超市、商场等；广义的市场是指商品交换关系的总和。

营销意义上的市场是由那些具有特定需要和欲望，而且愿意并能够通过交换来满足这种需要或欲望的全部潜在顾客所构成，即市场是指某种现实需求与潜在需求的总和。简而言之，市场包括人口、购买力和购买欲望3个主要因素，三者缺一不可，只有具备这3个要素才能形成一个现实有效的市场。这意味着市场营销的着力点主要有两个：一是刺激购买欲望，二是管理购买力。

2．市场营销的含义

市场营销来自英语"Marketing"一词，指企业的具体营销活动或行为。

"现代营销学之父"菲利普·科特勒关于市场营销的最新定义为，营销是通过创造和交换产品及价值，从而使个人或群体满足需要和欲望的社会和管理过程。

理解市场营销概念需把握以下几个要点。

（1）市场营销的最终目标是"发现并满足需要和欲望"。

（2）市场营销的核心是交换。企业的市场营销是在交换的前提下，通过了解、明确市场需求并有效加以满足来实现企业营利及其他目标的过程。

（3）市场营销的实质和宗旨是交换过程能否顺利进行取决于营销者创造的产品和价值满足消费者需求的程度和交换过程管理的水平。

（4）市场营销是一个综合的经营管理过程，贯穿于企业经营活动的全过程。

（5）市场营销通过整体的经营手段来适应和影响需求。

综上所述，市场营销是企业以消费者需要为出发点，有计划地组织各项经营活动，为消费者提供满意的产品和服务而实现企业目标的过程。

3．市场营销学的内涵

市场营销学于 20 世纪初诞生，是一门多学科交叉渗透、实践性很强的学科。市场营销学从卖方的角度去研究企业市场营销管理的问题，即企业在不断变化的市场营销环境和激烈的市场竞争中如何寻找市场机会，如何满足目标消费者的需求，如何有效地管理市场营销活动，以提高企业的经济效益，求得生存和发展，从而实现企业的目标。

二、市场营销的相关概念

1．需要、欲望与需求

需要是人们感到缺乏的一种状态，它描述了基本的人类需求，如人们对衣食住行以及对知识、娱乐、安全和归属等的需求。需要是人类的本能，而不是营销人员创造的。

欲望是想得到某种东西的要求或对具体的满足品的要求。人的欲望受社会因素,如家庭、教育、职业、团体等影响。营销者可以在了解消费者需要的基础上，采取相应的营销措施，刺激、引导或影响消费者的欲望。

需求是指人们有能力并愿意购买某种产品的欲望。人们的欲望几乎是无限的，但支付能力是有限的。营销者可以通过营销努力，使欲望转变为需求，并影响和引导需求，以实现自己的营销目标。因此，营销管理的实质就是需求管理。

2．产品

产品是指任何提供给市场并能满足人们某种需要和欲望的物品。营销学意义上的产品并不限于实物，任何能够满足需要和欲望的东西都可以被称为产品，产品包括有形产品和无形产品。

3．交换与交易

交换指通过提供某种东西作为回报从他人那里取得自己所需之物的过程。当人们用交换方式来满足自己的需要或欲望时，就需要（产生）市场营销。交易是交换的最基本单位，它对交换双方都有贸易价值，一旦达成交换协议，交易也就产生。交换是一个过程，而交易更侧重的是一个结果。因此，交换是营销学的基础和核心概念。

三、市场营销活动的过程

企业开展市场营销活动的起点是了解市场需求，终点是满足市场需求。优秀的营销企业通过以下几个步骤开展市场营销活动。

1．分析环境和发现市场机会

环境主要是指影响企业发展和营销成功的各种因素。通过适当的方法，对企业内外部影响因素和力量进行全面和有重点的分析，可以发现其中存在的优势、劣势、机会和威胁。

市场机会是指市场上存在的未满足的需求，即客观上已经存在或即将形成，而尚未被人们认识的市场。营销人员要深入调查研究市场营销环境，并且对消费者市场和组织市场如何做出购买决策有深刻的了解，来更好地分析市场机会。

2．研究和选择目标市场

目标市场是企业决定要进入的那个市场部分。为了选择合适的目标市场，企业需要进行市场细分。市场细分是指企业按照某种标准将市场上的消费者划分为若干个消费群体的市场分类过程。

企业在进行市场细分和选择目标市场后，还需进行市场定位。企业为了使自己生产或销售的产品获得稳定的销路，需要从各方面为产品培养一定的特色、树立一定的市场形象，以便在消费者心目中形成一种对企业产品和品牌的特殊偏爱。

3．明确营销战略和战术

营销战略是企业为实现预期目标，依据内外部环境和条件制定的长期、全面的营销方案。营销战术是指企业进行营销活动的具体策略和方法。企业在明确营销战略后，需要针对目标市场需求，将各种营销策略和方法加以系统组合和运用，使它们相互配合起来发挥作用，这就是市场营销组合决策，即营销战术。

4．营销管理和控制

营销管理是一项复杂的工程，是企业经营管理的重要组成部分，是企业营销部门的主要职能。营销控制是指企业通过系统的管理手段和具体的管理方法，对营销过程及营销结果进行有效管理以最终实现预期目标。为了对营销活动过程进行有效的监督，企业必须建立科学的市场营销控制制度，同时设立一个实施营销方案的营销组织，对营销活动实施有效的控制。

活动2　了解市场营销组合理论的发展

一、市场营销组合内涵

市场营销组合是市场营销理论体系中非常重要的内容，是企业营销战略的重要组成部分。企业为了满足目标市场需求，综合考虑任务、目标、资源及外部环境，对自身可控的产品、价格、地点和促销等营销变量实施优化组合，以实现更好的经济效益。对企业而言，市场营销组合是明确企业营销战略的基础，是企业竞争的有力手段，是合理分配企业营销预算费用的依据，也是企业实施整个营销策略的核心。

二、市场营销组合理论

1．以满足市场需求为目标的"4P"营销组合

营销学学者麦卡锡于1960年在《基础营销学》一书中第一次将企业的营销要素归结为4个基本策略的组合，即产品（Product）、价格（Price）、渠道（Place）、促销（Promotion）。这4个单词的英文首字母都是P，所以概括为"4P"营销组合。

产品：企业提供给目标市场的产品、服务的集合，包括产品的效用、质量、外观、式样、品牌、包装和规格，还包括服务和保证等因素。

价格：企业根据不同的市场定位，确定不同的价格策略。

渠道：企业为使产品进入目标市场所组织、实施的各种活动，包括途径、环节、场所、仓储和运输等。

促销：企业利用各种信息载体与目标市场进行沟通的传播活动，包括人员推销、广告、营业推广与公共关系等。

后来，菲利普·科特勒提出把权利(Power)和公共关系（Public Relations）也作为企业开展营销活动的可控因素加以运用，这就形成了市场营销的"6P"营销组合（也称为大市场营销理论），这是对传统市场营销组合理论的

不断发展。

2．以追求顾客满意为目标的"4C"营销组合

20 世纪 90 年代，随着市场竞争日趋激烈，消费需求的个性化日益突出，加上媒介传播速度越来越快，传统"4P"营销组合逐渐被"4C"营销组合所挑战。1990 年，罗伯特·劳特伯恩提出了"4C"营销组合，重新设定了市场营销组合的 4 个基本要素。

顾客：企业必须首先了解和研究顾客，根据顾客的需求来提供产品。企业重视的是由此产生的顾客价值。

成本：成本包括企业的生产成本和顾客的购买成本。顾客的购买成本包括货币支出，为此耗费的时间、体力和精力，以及购买风险。

便利：企业应为顾客提供最大的购物和使用便利，通过好的售前、售中和售后服务来让顾客在购物的同时也享受到便利。

沟通：企业应通过与顾客进行积极有效的双向沟通，建立基于共同利益的新型顾客关系。

"4C"营销组合理论强调企业首先应该把追求顾客满意放在第一位，努力降低顾客的购买成本，充分注意顾客购买过程的便利度，并以顾客为中心进行有效的营销沟通。"4C"营销组合总体上虽是"4P"营销组合的转化和发展，但被动适应顾客需求的色彩较浓。

3．以建立顾客忠诚为目标的"4R"营销组合

"4R"营销组合是由美国西北大学市场营销学教授唐·舒尔茨在"4C"营销组合的基础上提出的新营销理论。"4R"分别指关联（Relevance）、反应（Reaction）、关系（Relationship）和回报（Reward）。"4R"营销组合以竞争为导向，在新的层次上提出了营销新思路。

案例分析

海尔的"4R"营销

关联：企业与顾客是一个命运共同体，企业与顾客建立关联，紧密联系顾客。

反应：企业要提高对市场的反应速度，建立反应机制，为建立企业与顾客关联、互动与双赢的关系提供基础和保证。

关系：企业要重视与顾客的互动关系，真正体现并落实关系营销的思想。

回报：回报是营销的源泉，需要兼顾到成本和双赢两个方面。

"4R"营销组合理论认为，随着市场的发展，企业需要在更高层次上以更有效的方式在企业与顾客之间建立起新型的长久的互动关系，以防止顾客流失，从而赢得长期而稳定的市场。"4R"营销组合理论同其他理论一样，也存在不

足和缺陷，如与顾客建立关联、关系所需要的实力基础或某些特殊条件，并不是任何企业可以轻易达到的。

4．以实现网络整合营销为目标的"4I"营销组合

随着网络媒体的发展，信息开始过剩，传统的营销理论已很难适应新媒体的传播，唐·舒尔茨提出"4I"营销组合，即把内容整合得有趣（Interesting）、给用户带来利益（Interests）、做到和用户互动（Interaction）、让用户彰显个性（Individuality）。这一理论以实现网络整合营销为目标。整合营销就是"根据企业的目标设计战略，并支配企业各种资源以达到战略目标"。

网络营销模式对建立新型的顾客关系给出了全新的方式。"4I"营销组合适用于追求范围大、幅度广的营销信息传播方式，网络营销中的内容营销、微信营销、互动营销、自媒体营销等都可以基于"4I"营销组合制定基本的或整体的营销策略。

 小讨论

> 移动互联网时代，营销的载体日新月异，新技术几乎占领了所有的营销战场。有人认为传统的"4P"营销组合已经过时；也有人认为，只是新的技术使我们做事的手段发生了变化，营销还是那个营销。谈谈你的理解。

任务2　树立现代营销理念

市场营销观念又称经营观念、营销哲学，是指企业在进行营销活动中，处理企业、顾客和社会三方面利益所持有的态度、思想和观念（行为准则）。它概括了一个企业的经营态度和思维方式。

活动1　了解传统营销观念

一、生产观念

生产观念产生于20世纪20年代以前。在卖方市场条件下，生产相对落后，产品成本高，产品供小于求，人们的选择很少，生产者不愁产品的销路。生产观念认为，消费者喜欢那些可以随处买到且价格低廉的产品。企业只要提高产量，降低生产成本，解决供不应求的问题，就可获得巨额利润。其经营口号为"我生产什么，就卖什么"。

二、产品观念

20 世纪 20 年代末，随着经济发展和生产力水平不断提高，市场产品供不应求的状况得到缓和，企业间的竞争使生产者感觉到了压力，产品观念应运而生。

产品观念与生产观念类似，都属于以生产为中心的经营理念。其区别在于前者注重"以质取胜"，后者强调"以量取胜"。企业致力于对产品的精心制作和不断改进，认为只要保证产品质量和特色，就可"好酒不怕巷子深"。

三、推销观念

推销观念盛行于 20 世纪三四十年代，是卖方市场向买方市场过渡时产生的一种营销观念。市场上产品供应大幅度增加，产品花色品种日益丰富，供大于求的产品不断增多，市场竞争加剧。推销观念认为，消费者不会购买非必需的产品，因此企业必须运用有效的人员推销和促销手段，刺激并诱导消费者购买。其经营思想表现为"我们能卖什么，消费者就买什么"。企业关注的是自己的各种推销手段和方法。如同生产观念和产品观念一样，推销观念没有关心产品是否符合消费者的需要、消费者是否满意。

👤 活动2　掌握现代营销观念

一、市场营销观念

20 世纪 50 年代以后，随着科技革命的兴起，市场上新技术、新产品不断涌现，市场趋势表现为供过于求的买方市场，于是，以消费者需求为中心的市场营销观念随之形成。其具体表现为"消费者需要什么，企业就生产什么"。市场营销观念的出现是现代企业经营哲学的一次革命，是营销哲学新旧思想的分水岭，企业营销活动的出发点不再是企业（生产），而是市场和消费者需求。

二、社会市场营销观念

进入 20 世纪 70 年代后，市场营销环境发生了一系列新的变化，环境恶化、资源浪费等问题日益严重，社会市场营销观念应运而生。社会市场营销观念要求企业顾及消费者与社会的长远利益。

社会市场营销（Social Marketing）观念认为，企业的营销活动在满足消费者需求、取得合理利润的同时，还必须承担起社会责任，不能为了实现企业的营销目标而损害社会利益。社会市场营销观念强调企业在生产和提供产品或服务时，要兼顾消费者、企业和社会三方面的利益，谋求人类和社会的共同可持续发展。

三、全方位营销观念

全方位营销（Holistic Marketing）观念是 21 世纪以来，随着市场环境和企业等的变化而形成的一种新观念。该观念是在对各种营销活动的广度和相互依赖性有清楚认识的情况下，对营销计划流程和活动的开发、设计和执行的每个环节精心优化，然后达到进一步推广产品等目的。全方位营销观念识别并重新整合营销活动的范围和复杂性，它主要由 4 个部分组成：关系营销、整合营销、内部营销、绩效营销。

知识拓展

市场营销的演进历程

👤 **案例分析**

鸿星尔克，火了

2021 年 7 月 23 日河南郑州遭遇千年不遇的大暴雨。面对危难，鸿星尔克慷慨解囊，捐款 5 000 万元。这件事第一时间被"爆料"，引发网友称赞：鸿星尔克舍不得开会员、快要破产，却给河南捐款 5 000 万元。网友备受感动，同时纷纷心疼鸿星尔克。大批网友冲到鸿星尔克的直播间，愿尽自己一份绵薄之力，支持良心品牌。鸿星尔克单日销量暴涨 52 倍，而且持续上升。短短一周，鸿星尔克在商品交易总额、搜索指数、话题热度方面，都呈现井喷式的爆发增长。

网上疯传一个"段子"：董事长吴荣照火急火燎地骑着共享单车来到直播间，只为给网友们道一声谢，结果共享单车还被骑走了。他不断地告诉网友要理性消费，看中了再下单。

各家媒体纷纷给予正面报道；抖音用户自发创作短视频；线下门店爆满，引发消费者跟风。消费者以买鸿星尔克为荣，暗示"我和有爱心的企业站在一起"。

在这个全新的营销时代，鸿星尔克的成功密码是什么？

任务3 关注数字经济时代的营销特征

在数字经济时代，企业基于数据可以洞察用户的潜在需求，了解用户的喜好特征，形成以市场为导向的高质量供给。例如，淘宝首页会推荐用户可能感兴趣的产品，网易云音乐会结合用户的听歌喜好做每日推荐听歌列表等。

活动1　认识大数据

一、大数据的内涵

大数据（Big Data）又称巨量资料，指的是所涉及的数据资料规模巨大到无法通过主流的软件工具，在合理时间内达到撷取、管理、处理并整理成为帮助企业经营决策更积极目的的资讯。

大数据营销是指通过互联网采集大量的行为数据，首先帮助广告主找出目标受众，以此对广告投放的内容、时间、形式等进行预判与调配，并最终完成广告投放的营销过程。

二、大数据的特征

1．多平台化数据采集

大数据的数据来源通常是多样化的，多平台化的数据采集使得对用户行为的刻画更加全面而准确。多平台化数据采集指可采集移动端、PC端、智能电视及未来的户外智能屏等平台的数据。

2．时效性

在网络时代，用户的消费行为和购买方式易在短时间内发生变化。在用户需求点最高时及时进行营销非常重要。大数据营销企业AdTime对此提出了时间营销策略，它可通过技术手段充分了解用户的需求，并及时响应每个用户当前的需求，让用户在决定购买的"黄金时间"内及时接收到产品广告。

3．个性化

在网络时代，广告主的营销理念已从"媒体导向"向"受众导向"转变。大数据技术可以做到当不同用户关注同一媒体的相同界面时，广告内容有所不同。大数据营销实现了对用户的个性化营销。

活动2　认识社会化媒体

一、社会化媒体的内涵

社会化媒体（Social Media）也称社交媒体，是基于用户社会关系的内容生产与传播平台，是人们彼此之间用来分享意见、见解、经验和观点的工具。常见的社会化媒体有微博、抖音和B站等。社会化媒体营销也称社交媒体营销，是指依赖或者基于社会化媒体中用户形成的互相连接的人际关系，来进行品牌或者产品的营销。在社会化媒体营销过程中，企业和用户之间的沟通更加实时、双向和直接。

二、社会化媒体的特点

1. 参与性强

社会化媒体能够为用户提供一个进行自主内容创造的平台。用户除了接受他人的信息，还可以对外传播自己的信息内容。这极大地激励了用户的参与兴趣。

2. 信任度高

用户更倾向于信任"熟人"分享的信息或评论。品牌可以借助社会化媒体使营销内容在用户之间广泛流动，并加深用户对营销内容的信任。

3. 门槛较低

多数社会化媒体的门槛设置得较低，用户可以轻松获取自己所需信息，企业也可以对用户的个性化需求和产品信息一并进行捕捉。

4. 监管难度大

社会化媒体传播广泛、信息量庞大，导致企业对用户信息进行把控十分困难，难以捕获有关用户对营销质量、品牌口碑等方面的数据。而且一旦社会化媒体中产生了负面信息，企业既无法掌握消息的传播速度、发展方向，又难以控制不利结果。

 小讨论

2018年国庆节前，支付宝联合200多家全球商家在微博上发起了一场"祝你成为中国锦鲤"的微博活动，各大品牌广告商迅速反应加入，纷纷在评论区留下各自提供的奖品内容。而微博粉丝只需转发微博，就有机会成为集全球独宠于一身的"中国锦鲤"。

本次活动创造了企业微博社会化营销历史的新纪录：单条微博阅读量超过2亿次，周转发量超过310万次，粉丝增加200多万人，互动总量超过420万次，后续媒体报道持续超过一周，长时间占据了微博热搜榜。而支付宝只在微博上投放了开屏广告，其成本不会超过50万元。

试分析此次营销活动中微博平台提供的帮助有哪些。

活动3 认识移动营销

一、移动营销的内涵

第51次《中国互联网络发展状况统计报告》显示，截至2022年12月我国手机网民规模达10.65亿人，网民使用手机上网的比例为99.8%。移动设备的广泛应用和智能技术的不断进步改变了人们的生活方式和商业模式。作为创新的营销手段，移动营销已经成为品牌推广和用户互动的重要渠道。移动营销是面向移动终端用户，在移动终端上直接向目标用户定向和精确传递个性化即时信息，通过与用户的信息互动实现市场营销目标的活动。

二、移动营销特点

1．黏度高

实用、有趣的手机应用服务使人们可以有效地利用大量碎片化的时间，越来越多的手机用户参与其中；平台的开放也给了手机用户更多选择；基于信任的推荐将帮助企业打造一个主动传播的天然社交网，快速形成品牌黏度。

2．精度较高

茫茫人海中，移动营销结合大数据锁定与自己相匹配的目标人群，有效传播新信息，获得更准确的营销方向。借助手机社交、短信等投放系统，通过精准匹配将信息实现四维定向（时空定向、终端定向、行为定向、属性定向），进而传递给与之相匹配的目标人群。

3．成本低廉

由于移动终端用户规模大，不受地域和时间限制，移动营销以其快捷、低成本、高覆盖的特点和优势迎合了时代潮流和用户需求。

任务4 明确营销人员的职业素质与能力要求

移动互联网给营销创造了更大的市场空间。要想成为一名优秀的营销人员，就必须具备良好的素质与能力。

👤 活动1 明确营销人员应具备的基本素质

要想成为一名优秀的营销人员，就要有意识地建立自己的知识结构，养成优秀的思维习惯，培养严谨的工作作风，广泛地参与丰富多彩的社会实践。具体来说，营销人员应具备的基本素质包括以下4个方面。

知识拓展

新职业互联网营销师

一、优秀的职业道德和强烈的社会责任感

营销人员是企业利润的实现者，是顾客的忠诚朋友，是企业的形象代表，应具备良好的社会公德和职业道德，遵守行业的道德规范。营销人员只有具备高度的工作责任感，才能想方设法为顾客排忧解难，尽心尽力完成营销任务；

才能在营销活动中处处维护企业的形象，与顾客保持融洽、良好的关系。此外，营销人员必须自觉遵守国家的政策、法律，自觉抵制不正之风；正确处理个人、集体和国家三者之间的利益关系；知法、懂法、守法，依照有关法律规定来推销产品。

二、丰富的专业知识素养

营销是一项复杂的工作，一名优秀的营销人员必须拥有丰富的专业知识素养。营销人员需要系统地掌握营销学、管理学、经济学以及财务会计等方面的基础知识；需要掌握商品学、消费心理学、网络营销策划、传播学等多门学科的专业知识；需要熟悉与营销活动相关的法律法规，规范营销行为，正确地运用法律武器来解决营销活动中的问题；需要具备广泛的兴趣和爱好，这样才能与顾客有更多的共同语言。

三、积极的心态和坚强的意志

营销是一项极具挑战的工作，营销人员应该能够承受各种挫折，保持积极的心态，同时还要有毅力和耐心，能做到持之以恒、坚持不懈。

> ### 📝 知识拓展
>
> 营销人员的"六不怕"精神：一不怕苦；二不怕累；三不怕难；四不怕险；五不怕远；六不怕失败。营销人员的"四个千万"精神：走遍千山万水；吃遍千辛万苦；想尽千方百（万）计；说尽千言万语。

四、良好的心理素质和强健的体魄

营销人员应具备热情、自信和真诚的品质。营销是一个充满挑战、激情和快乐，并伴随着艰辛的职业，是一个需要用健康的心态去面对的职业，是一项需要有良好性格去追求成功的事业。

俗话说："身体是革命的本钱"。健康的身体对于营销人员来说是非常重要的。众所周知，营销工作既是一项复杂的脑力劳动，又是一项艰苦的体力劳动。很多行业的营销人员会负责几个市场区域，经常需要出差、起早贪黑，临时处理各种各样的营销工作，这就要求营销人员有充沛的精力、清醒的头脑、健康的体魄、灵活的行动。因此，营销人员应养成良好的生活习惯和生活规律，加强锻炼，增强体质。只有拥有健康的身体才能胜任营销工作。

👤 活动2　掌握营销人员应具备的基本能力

在营销生态、技术变革的驱动下，营销人员的技能需要与时俱进。一名优秀的营销人员必须是集理论与实践于一体的复合型人才，不仅要掌握营销的科学流程，还要不断地学习、总结，提高自己的素质和能力，这样才能在激烈的市场竞争中获取一席之地。

一、良好的沟通与表达能力

一名优秀的营销人员既要有律师的表达能力，又要有相声演员的幽默感，还要有心理医生的察言观色和劝导能力。戴尔·卡耐基认为，一个人的成功约有15%取决于技术知识，85%取决于口才艺术，高超的表达能力非常重要。表达能力不仅包括口头表达能力，还包括书面表达能力。在市场营销工作中，营销人员需要积极、高效地与同事沟通、与顾客沟通以及与合作伙伴沟通。在沟通的过程中，营销人员要学会对不同的目标群体采取不同的沟通方式。

二、优秀的组织和团队协作能力

营销活动的策划、制作、实施既需要内部的组织调配能力，又需要外部的协调能力。现代营销是团队营销、兵团作战，绝大多数工作需要部门协作。营销人员要将自己融入团队，善于处理团队成员之间的关系，充分调动团队成员的积极性，齐心协力实现营销目标。

三、敏锐的洞察能力和灵活的应变能力

洞察能力是指营销人员能够全面、正确、深入地分析、认识客观现象的能力。营销人员要有敏锐的洞察力，善于捕捉市场信息、行业信息，培养自己的直觉，从而敏锐地把握事物变化的规律，这是营销人员应具备的基本能力。

应变能力是指营销人员对突然发生的情况和尚未预料到的情况的适应能力。营销人员在营销过程中会遇到各种复杂多变的情况，这就要求营销人员机警灵敏，面对顾客异议和突发事件时进行快速分析，做出准确判断，冷静沉着地处理各种可能出现的问题。

四、优秀的市场分析和营销调研能力

营销人员要能准确预测和善于把握机遇，不失时机地成为市场潮流的引领者。营销人员要具备对市场现状进行分析进而预测未来趋势的能力，要能够科学地编写调研方案、设计调查问卷，熟练地运用各种调研方法并撰写市场分析报告。市场分析和营销调研能力的高低直接影响营销策划的效果。

五、优秀的学习能力

随着互联网和新技术的应用，营销迎来了全新的变革，"三天不学门外汉"是当今营销人员正在面临的严酷考验。媒介环境急速变化，平台迭代速度飞快，新工具、新应用、新规则如雨后春笋般涌现，此刻正时髦的玩法两星期后可能就过时了，因此营销人员要拥抱变化，不断地学习、提升。优秀的学习能力是做好营销工作的前提之一。"学习者不一定是成功者，但成功者必定是擅长学习者。"营销人员要不断地向书本学习，向实践学习，向经验学习，向对手学习，不断完善自我。

 小讨论

优秀的营销人员都在坚持多读书、读透书。许多营销界的"大咖"一年的阅读量在 50 本书以上。作为新晋"顶流"主播的董宇辉，他用自己的成长与奋斗经历告诉我们：只有扎根读书，才能跨越平凡，抵达优秀。

除了多读书、读透书，营销人员成功的秘诀还有什么？

案例分析

董宇辉：新晋"顶流"主播的成长与奋斗

项目实施

一、创建营销团队

实训目的：

市场营销是一项系统且复杂的工作，营销人员除了要掌握市场营销的基本理论和方法，还要具有较强的实践操作能力、组织和团队协作能力。团队成员通过协作共同完成创建营销团队的任务，提高团队意识和协作能力。

实训内容：

每个班级按 4～6 人组建项目团队，每个项目团队设负责人人名，然后进行明确的分工。

实训步骤：

（1）组建团队，选举团队负责人，进行团队成员分工。

（2）讨论团队建设方案。设计团队名称、团队理念、团队行为规范、团队标志等，形成团队建设方案，并将团队建设方案制作成 PPT。

（3）以演讲的方式进行团队建设方案发布。

（4）对团队建设方案进行考核评比。

实训考核：

考核团队建设方案（见表 1-1）（占 50%），评价团队协作效果（占 50%）。

期末评出优秀营销团队。

表 1-1　团队建设方案评价表

评价内容	分值	得分
团队成员结构合理	15	
团队分工明确	15	
团队名称有特色	15	
团队理念新颖	20	
团队行为规范完整，可实施	20	
团队标志有创意	15	
合计		

二、如何成为一名合格的营销人

实训目的：

充分认识市场营销类岗位人员的知识、能力和素质要求，不断自我完善，逐步成为一名优秀的营销人。

实训内容：

认真完成"营销类岗位任职要求对比分析表"，并在以后的课程学习和实训演练中注重自身素质和技能的培养，期末对自己一学期的成长进行总结。

实训步骤：

（1）登录前程无忧等招聘网站，查阅市场调研专员、销售代表、销售经理等营销类岗位的招聘要求，了解企业对营销人才的需求状况，分析营销类岗位的任职要求及相应的知识、能力、素质要求。

（2）根据所学知识，依据自己的兴趣爱好、性格特征等进行对比分析，提出自身能力提升计划，并填写表 1-2。

表 1-2　营销类岗位任职要求对比分析表

任职要求	内容	对比分析	提升计划
能力要求			
知识要求			
素质要求			

（3）选取有代表性的学生在班内进行分享交流。

（4）确定目标岗位，明确今后努力的方向。

实训考核：

考核评价内容（占25%）、对比分析（占25%）、提升计划（占30%），考核汇报及讨论表现（占20%）。

项目总结

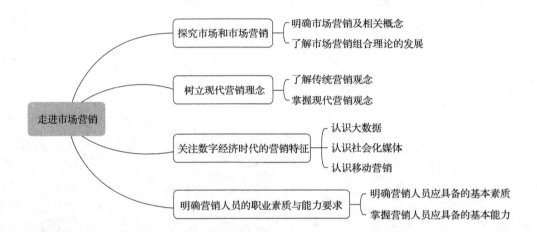

习题

一、选择题

1. 市场营销的核心是（　　　）。

    A. 生产　　　　B. 分配　　　　C. 交换　　　　D. 促销

2. "皇帝的女儿不愁嫁"是（　　）观念的体现。

    A. 生产　　　　　　　　　　B. 社会营销

    C. 推销　　　　　　　　　　D. 市场营销

3. 福特公司曾一度宣扬"我们只生产黑色的汽车"，它们所奉行的市场营销观念是（　　）。

    A. 社会市场营销观念　　　　B. 生产观念

    C. 推销观念　　　　　　　　D. 市场营销观念

4. 通常被称为市场三要素的是（　　　）。

    A. 购买者、价格、产品　　　B. 人口、购买力、购买欲望

    C．产品、购买力、购买意愿   D．价格、产品、质量

二、名词解释

市场营销　市场营销组合　市场营销观念

三、简答题

1. 简述传统营销观念与现代营销观念的区别。
2. 简述市场营销活动的过程。
3. 营销人员应具备的基本素质和基本能力有哪些？

项目 2

市场营销环境分析

情
境
导
入

　　小张打算开设一家奶茶店，进行自主创业。对于开什么样的奶茶店、卖什么样的奶茶、在哪开、怎么开等问题，他心里也没底。于是小张决定求助自己的好朋友小艾，想学习如何分析这个项目的可行性。学市场营销专业的小艾认为，首先要对奶茶行业的营销环境有一定的了解，要从自身的优势与劣势、外部环境的机会与威胁等方面进行调研分析，也就是SWOT分析。那么小张在分析过程中需要了解的市场营销环境具体有哪些内容？

学习目标

1. 了解市场营销环境的含义、特点。
2. 掌握微观营销环境分析的主要内容。
3. 掌握宏观营销环境分析的主要内容。
4. 掌握 SWOT 分析法。
5. 能分析市场营销环境因素对企业的影响。
6. 能根据市场营销环境的变化来发掘新的市场机会。
7. 能运用 SWOT 分析法进行内外部环境分析。
8. 培养自主探究能力和团队协作意识。
9. 培养分析问题、解决问题的能力。

任务1 认知市场营销环境

👤 活动1 了解市场营销环境的含义

一、环境的含义

案例分析

海尔沙尘暴里寻商机

广义的环境（Environment）是指某一主体周围一切事物的总和。对于生物而言，环境是指生物生存的空间，或者影响生物群体生存的各种外部条件的总和。对于人类而言，环境是影响人生存、发展的种种因素的总和。所以说，研究的对象不同，环境也就不同。同时，同一个对象，研究的方向或事项不同，环境的影响也不同。

二、市场营销环境的含义

菲利普·科特勒把市场营销环境解释为"影响企业市场营销活动的不可控制的参与者和影响力"。换言之，市场营销环境是指与企业营销活动有潜在关系的所有外部力量和相关因素的集合，它是影响企业生存和发展的各种外部条件。对于某个经营主体来说，市场营销环境是指影响企业经营、发展的各种因素。

👤 活动2 明确市场营销环境的分类和特点

一、市场营销环境的分类

市场营销环境的因素有很多，不同的因素对企业营销活动各个方面的影响和制约也不相同。

1．按照对企业影响的时间长短分类

按照对企业影响的时间长短，市场营销环境可以分为长期环境和短期环境。长期环境是指在很长一段时间内不会变化的环境，如国家长期实行的政策。短期环境对企业的影响是短期的，有可能短时间内就会消失，如某种理念的流行。

2．按照对企业影响的范围分类

按照对企业影响的范围不同，市场营销环境可分为微观营销环境和宏观营销环境，如图2-1所示。

（1）微观营销环境：微观营销环境是和企业经营直接接触的环境，直接影响企业的经营活动。它包括企业自身（员工、领导、企业架构、企业文化等）、供应商、营销中间商、消费者、竞争者、社会公众等。

（2）宏观营销环境：宏观营销环境指间接影响企业开展营销活动的各种因素,包括人口环境、经济环境、政治法律环境、自然资源环境、科学技术环境、社会文化环境等。

图2-1 微观营销环境和宏观营销环境

二、市场营销环境的特点

1．客观性

市场营销环境作为环境的一种，如同自然环境一样属于客观的存在，不以人的意志为转移，市场营销环境同样也不以企业的意志为转移。市场营销环境有着自己的运行规律，其对企业的影响具有强制性和不可控的特点。例如，企业无法改变宏观营销环境中的人口数量、法律条文等。所以企业开展市场营销活动要以实际环境为依据，主动适应环境，根据环境的变化调整营销策略。

2．差异性

在不同的国家、地区之间，市场营销环境存在着很大的差别，不论是外部的大环境（宏观营销环境），还是企业的小环境（微观营销环境）都具有很大的差异。前者是各个地区人口、政治法律、社会文化等不同,后者则是企业架构、领导的处事风格等不同。企业为适应不同的环境，对于同样的产品在不同的地区要采取不同的策略。

3．多变性

随着社会的发展，人们的消费习惯会改变，产业结构会改变，家庭的支出比例也会改变，甚至法律法规也会改变，市场营销环境也是在动态变化的。例如，手机产品从一开始的"奢侈品"走向了现在的"生活常用品"，人们开始不断追求时尚、简约实用、低价全能的手机。企业虽然无法准确无误地预测未来环境的变化，但是可以在不断变化的环境中积累经验，总结出应对环境变化的方法。

4. 相关性

相关性是指市场营销环境中的各个因素不是孤立存在的，而是相互影响、相互制约的。某个市场营销环境因素变化会导致其他的市场营销环境因素也发生变化，从而形成一个新的市场营销环境。例如，在国家大力扶持新能源汽车行业之前，各个新能源汽车企业正常发展，而当国家出台扶持新能源汽车的政策法规后，传统车企纷纷加入新能源汽车的研发中。这就是宏观营销环境中法律法规的变化导致了微观营销环境中竞争者数量发生变化。同样，市场营销环境中各个因素之间也会存在矛盾，例如，某地居民有过节放烟花的需求，但是当地政府因环境保护禁止燃放烟花，这对于烟花经销商来说就是最大的制约因素。

活动3 分析市场营销环境的意义

一、企业开展营销活动的基础

企业要开展营销活动，首先要了解市场，不同的市场对于同样的产品有不同的反应。同样，相同的产品以不同的营销策略投放市场，市场也会有不同的反应。

从微观营销环境角度来说，企业要考虑供应商的供货品质和供货速度等，要考虑消费者的偏好，要考虑员工对营销活动的执行能力等。从宏观营销环境角度来讲，企业要考虑人口结构，要考虑当地的经济发展状况，要考虑自己的营销活动及产品是否符合法律法规的要求等。

因此，企业要开展营销活动，只有密切关注营销环境、分析营销环境，才能制定出科学的生产经营策略，才能适应不断变化的市场营销环境。

二、有利于企业发现市场机会和规避环境威胁

机会和威胁是相对的，就像硬币的两面。某个事件，对于一些企业来说可能是机会，但对于另一些企业来说可能是威胁。同样，机会和威胁在一定的条件下是可以相互转化的。如果忽略了市场营销环境分析，企业不仅会失去市场机会，还可能会遭遇市场威胁。

三、企业制定营销战略和策略的基础

分析市场营销环境可以让企业更加全面地了解市场以及各种影响营销效果

的因素。同样，市场营销环境是在不断变化的，根据市场营销环境的变化去确定企业的营销战略和策略，可以提高营销活动的成功率。

市场营销环境既是企业开展营销活动的限制条件，又是企业开展营销的基础，因此企业不能被动地接受市场营销环境，而应积极主动地适应市场营销环境。

案例分析

请阅读配套资源中的资料，分析三个旅行者的故事能带给我们哪些启示。

案例分析

三个旅行者

任务2　分析营销环境

活动1　微观营销环境分析

一、企业自身

企业自身是指企业在开展营销活动时内部和营销活动有关联的各种因素。营销活动能否成功和企业部门间的协作、配合有很大关系。各个部门的分工是否科学，甚至各个部门之间的关系是否融洽都会影响企业的经营发展。

二、供应商

供应商是指向相关企业提供各种资源的企业和个人，供应的产品包括原材料、设备、劳务等，对企业的经营活动有很大的影响。供应商对企业营销活动的影响主要体现在以下 3 个方面：供货的可靠性和稳定性、供货价格的变动、供货的质量水平。因此企业必须科学地选择供应商，和供应商保持密切的合作关系，及时关注供应商的动态。

三、营销中间商

1. 中间商

中间商是指将产品从生产者转移到消费者的中间环节或渠道，主要有批发商和零售商两类。企业选择中间商时要考虑中间商的实力、信誉，要考虑中间商是否有实力将产品销售到企业想要到达的市场。企业还要和中间商明确权利、义务，如中间商每月的进货数量、中间商的销售价格等。

2．服务商

服务商是指物流企业等为企业提供各种服务的机构和企业。这些外部服务商的实力以及它们和企业的关系都将影响企业营销活动的开展和进行。

四、消费者

消费者指企业开展营销活动的目标人群。一件产品只有得到了消费者的认可才能说明产品的成功，产品才能赢得市场。微观营销环境中的消费者因素，指的是企业为之服务的目标市场。根据购买主体和购买动机的不同，目标市场可分为消费者市场、生产者市场、中间商市场、政府市场和国际市场 5 种类型，每种类型的市场需求不同，特点各异。

五、竞争者

企业要想在市场竞争中获得成功，就必须比竞争对手更能发现并满足市场需求。同时，企业也要关注竞争者的行为动态，及时根据竞争者的动作做出相应的反应。从产品替代性角度来分析，企业面临以下 4 个层次的竞争。

1．愿望竞争

愿望竞争是指消费者想要做的各种事情之间的竞争。例如，消费者在休息时想要看书、喝饮料或吃东西，消费者有 3 种不同的愿望就说明他可能在这 3 个涉及不同的行业的愿望中选择一个进行消费。

2．产品类别竞争

产品类别竞争是指满足消费者某一需求的不同类别产品之间的竞争。例如，消费者有吃东西的需求，他可以吃的东西有很多，如水果、糖果、面条、粥。这些能满足某一需求的不同类别产品之间的竞争就是产品类别竞争。

3．产品形式竞争

产品形式竞争是指满足消费者某一需求的同一产品的不同产品形式之间的竞争。例如，消费者选择吃面条，那么则有清汤面、炒面、拌面等产品形式可以满足消费者吃面条的需求。

4．品牌竞争

品牌竞争是指满足消费需求的同种产品的不同品牌之间的竞争。例如，消费者想吃面条，还特别喜欢某个面馆做的某种面，那么消费者选择的这家店就在品牌竞争中获得了胜利。

六、社会公众

1．金融公众：金融公众主要指银行、投资公司、证券公司等，它们能够影响企业的融资能力。

2．媒介公众：媒介公众主要指报纸、杂志、电视等传播媒介以及网站、微博、公众号等线上媒介，能直接影响社会舆论对企业的认识和评价。

3．政府公众：政府公众主要指与企业营销活动有关的各级政府机构部门。企业的营销活动可能会因为政府公众所制定的方针、政策而迎来机会或受到限制。

4．社团公众：社团公众主要指与企业营销活动有关的非政府机构，如消费者组织、环境保护组织，以及其他群众团体。这些社团公众的意见、建议往往对企业营销决策有着十分重要的影响。

5．社区公众：社区公众主要指企业所在地附近的居民和社区团体。社区公众的好评能帮助企业在社会上树立良好的形象。

6．内部公众：内部公众指企业内部的管理人员及一般员工，企业的营销活动离不开内部公众的支持。企业应该处理好与广大员工的关系，调动他们开展市场营销活动的积极性和创造性。

👤 活动2　宏观营销环境分析

一、人口环境

人口直接影响市场规模，可以说是市场中的第一要素。人口的性别、年龄等也对市场有很大的影响。

1．人口数量与增长速度分析

人口数量的多少决定了市场规模的大小。人口越多，企业的潜在消费者也就越多，市场也就越大。如果某地当年新生儿出生数量很多，反映到市场上则是婴儿用品的需求增多。但是，人口的增多会导致工作难度增加、工作报酬降低，进而导致消费者的购买力下降。因此，企业要开展营销活动，首先要分析要开展营销地区的人口数量及人口变化，根据实际情况去开展营销。

2．人口结构分析

（1）年龄结构。不同年龄的消费群体对于产品和服务的要求是不一样的。以服装为例，儿童喜欢卡通图案，青年人喜欢潮流风格，中年人要求高质量。不同的年龄有不同的偏好，企业在开展营销时可以根据产品适应的人群有针对性地投放广告。

（2）性别结构。产品在市场上分为男性用品和女性用品，两者之间存在显著的差别。例如，男性消费者注重产品的参数、消费的快捷性，而女性消费者通常追求时尚、个性，注重产品的外观。企业可以根据不同性别的不同需求来生产针对性的产品，制定针对性的营销策略。

（3）家庭结构。消费者购买产品时通常是以家庭为单位的，例如一家有几口人，需要买多少菜。同时，不同的家庭阶段有不同的特征。例如，刚结婚阶段的新婚夫妇添置家具、家电等耐用品较多，当有了孩子后，则购买母婴用品、生活必需品等较多。

（4）社会结构。我国是一个农业大国，绝大部分人为农村人口。但随着经济社会的发展，城镇人口规模逐步增大，现在城镇人口已远远超过农村人口。因此，企业在生产产品或开展营销时不仅要考虑农村市场，还要考虑城镇市场。

（5）民族结构。不同的民族有不同的风俗文化和生活习惯，如穿衣风格不同、饮食习惯不同等。企业在开展营销时可以根据需要生产符合民族风俗的产品。

3. 人口分布分析

我国幅员辽阔、人口众多，但是在地理上，人口在不同地区的密集程度各不相同。我国的人口分布主要集中在东南沿海，从东南向西北逐渐减少。此外，城市人口密度大于农村人口密度。当然，不同地区的消费群体生活习惯也不同，例如南方以米饭为主食，北方以面食为主食。这些不同的生活习惯会影响企业营销策略的制定。

二、经济环境

经济环境的好坏直接影响企业市场营销活动的效果。经济环境主要包括消费者收入、消费者支出、消费者储蓄和信贷等因素。

1. 消费者收入

消费者收入是指消费者从各种来源获得的收入总和，包括工资、退休金、租金等。消费者不会将全部收入都用于消费，用于消费的只是收入中的一部分。消费者收入的多少决定了消费者购买力的大小，进而影响市场规模的大小。消费者收入分析通常从以下3个方面展开。

（1）个人可支配收入。个人可支配收入是个人总收入扣除税款和非税负担后所得余额。它是个人收入中用于消费支出或储蓄的部分，是影响消费者购买力和支出的决定性因素。

（2）个人可任意支配收入。个人可任意支配收入指个人可支配收入减去维持生活所必需的支出（如食品、衣服、住房）和其他固定支出（如分期付款、学费）所剩下的那部分个人收入。这部分收入是消费需求变化中最活跃的因素。

（3）家庭收入。家庭收入是指家庭内所有成员收入的总和。家庭收入的高低会影响很多产品的需求。

2. 消费者支出

消费者支出会随着消费者收入的变化而变化，从而导致一个国家或者地区的消费结构发生变化。

恩格尔系数的变化说明了消费结构的变化。恩格尔系数 = 食品支出金额 / 家庭消费支出总金额。恩格尔系数越小，也就是食品支出金额占家庭消费支出总金额的比例越小，说明生活越富裕，生活质量越高。反之，恩格尔系数越大，也就是食品支出金额占家庭消费支出总金额的比例越大，说明生活越贫困，生活质量越低。企业通过研究恩格尔系数可以分析出当地的消费水平。

知识拓展

恩格尔系数

3. 消费者储蓄和信贷

消费者的个人收入通常会储蓄一部分，这部分储蓄是消费者的潜在购买力。当消费者收入一定时，储蓄越多，可以用于消费的收入也就越少，但潜在购买力就会越大。反之，储蓄越少，用于消费的收入就越多，但潜在购买力就会越小。如果能够调动消费者的潜在购买力，企业将会开拓出新的市场。

消费者信贷是指消费者以个人信用为担保先消费后还款或者先获得产品的所有权再分期归还货款的购买行为。例如，住房贷款、信用卡消费等都属于消费者信贷。企业可以根据消费者的实际情况进行推销说服，如果消费者有购买欲望，并且未来能够负担得起分期还款，采用这种方式对企业的销售能有很大的促进作用。

三、自然资源环境

自然资源环境主要是指企业在营销、生产经营中所处的自然资源环境，包括地理、气候、资源以及生态等方面。企业要避免自然资源给自身带来的不利影响或要抓住自然资源环境变化带来的机会，就要认真分析自然资源环境的变化。

如果人类不合理利用煤炭、石油、土地、树木等资源，就会让资源枯竭得更早。例如，造纸需要树木，树木资源的短缺迫使企业研究更绿色的造纸方法，于是有了再生纸等环保的纸产品。对企业而言，若企业能够看到资源的短缺问题，积极开发成本更低、更环保的替代品，那么此替代品将会给企业带来很大的优势。

四、政治法律环境

政治法律环境主要指企业经营活动所在地的政治形势以及法律法规环境，

主要包括国家或地方政府颁布的各项法规、法令和条例等。总之，企业开展经营活动，要全面了解政策法规，遵守法律，保护自身的合法权益。

政策法规会直接或者间接影响企业。例如，2007年12月31日，《国务院办公厅关于限制生产销售使用塑料购物袋的通知》下发，要求所有超市、商场、集贸市场等商品零售场所实行塑料袋有偿使用制度，一律不得免费提供塑料袋。直接的影响是消费者使用塑料袋要花钱。对生产塑料袋的企业来说，这可能会导致销售额下降。长远来看，限制塑料袋的使用能慢慢培养消费者的环保意识。

企业要开展国际贸易，需要分析的政治法律环境因素则更广，如相关的国际法律、国际惯例、国家与国家之间的政治关系、政局是否稳定。如果国家政局稳定，企业就能够正常开展营销活动；如果政局不稳，甚至有战争、暴乱、政权更替等政治事件的发生，企业的生产经营活动必定不能正常开展。

五、科学技术环境

科学技术环境是社会生产力中最活跃的因素，它影响着人类社会的历史进程和社会生活的方方面面，对企业的营销活动有着显著影响。科学技术的飞速发展加速了产品的更新换代，降低了产品成本，促进了流通方式的现代化，使促销方式更加灵活多样，促进了企业营销管理的现代化。为此，企业要不断地分析科学技术的新发展，创新营销组合策略，才能适应市场营销的新变化。如果不能及时地开发新的技术、新的产品，以及运用新的营销手段、营销方法，企业就很可能在竞争中落后甚至被淘汰。

六、社会文化环境

社会文化环境是指一个国家或地区的民族特征、价值观念、生活方式、风俗习惯、宗教信仰、伦理道德、教育水平、语言文字等的总和。不同的国家、城市、圈子有不同的生活方式。例如，某个营销活动在城市里取得了较好的效果，如果将它照搬到农村，那么大概率不会获得成功。

📖 案例分析

诺基亚手机占据全球手机第一的位置长达15年，但在之后短短几年内就从巅峰坠落。诺基亚从崛起到衰落是因为什么？诺基亚现状如何？试着结合所学内容，分析企业应如何应对营销环境的变化。

案例分析

诺基亚的百年沧桑

任务3　运用SWOT分析法

SWOT分析法是一种企业竞争态势分析方法，常用于制定企业发展战略和分析竞争对手情况。SWOT分析法由旧金山大学管理学教授海因茨·韦里克于20世纪80年代首先提出，后随着企业战略理论的发展而逐渐发展和完善。SWOT分析法中，S（Strengths）是优势，W（Weaknesses）是劣势，O（Opportunities）是机会，T（Threats）是威胁。运用SWOT分析法对内部的优势、劣势和外部的机会、威胁等进行全面、系统的分析，可以帮助企业将资源和行动聚集在自己的强项和有最多机会的地方，并让企业的战略变得明朗。

SWOT分析法的运用共有4个步骤：分析环境因素、构造SWOT矩阵、制订行动计划、选择适合企业发展的战略类型。

活动1　SWOT分析法

一、内部的优势、劣势分析

在进行内部的优势、劣势分析时，企业要认识到优势和劣势是相对而言的。在面对不同的地区、市场和不同的环境时，优势和劣势会有所变化。同时，分析企业或产品是否有优势，要从消费者的角度出发。消费者认为企业的产品或服务比其他企业的产品或服务好，企业才真正拥有优势。

优势主要是指企业与竞争对手相比，有产品创新、产品成本低、产品价格低，企业技术领先、销售渠道多等优势。劣势则是指企业与竞争对手比，具有哪些不足，如产品成本高、销售渠道少等。

二、外部的机会、威胁分析

市场营销环境的变化给企业带来的最直接的影响就是机会和威胁。分析企业所处市场营销环境的变化，抓住市场机会，避开环境威胁是企业开展营销活动的基础。

1. 市场机会分析

市场机会是指对企业有吸引力的某一领域，在这个领域，企业将会拥有竞争优势。企业能否及时地发现和利用市场机会是企业营销能否成功的前提。想要抓住市场机会，企业要密切关注营销环境的变化，结合企业自身的资源和实力，将市场机会转化为企业开拓市场、提高市场份额的机会。

根据潜在利益的大小和机会出现概率的高低，我们可以构造机会分析矩阵，如图2-2所示。矩阵中的机会可分为4种情况。

图2-2　机会分析矩阵

在机会分析矩阵中，数字1区域是企业需要重视的，这部分机会潜在利益大，出现概率高。数字2区域同样也要重视，虽然机会出现概率低，但若是出现，企业便能获得较大的潜在利益。数字3区域的机会虽然潜在利益小，但是出现概率高，企业也需要抓住。数字4区域的机会，企业则不必考虑。

商场如战场，市场机会稍纵即逝。对于市场机会，企业要敢于决策、争取主动。一方面是先，也就是企业能够抢先发现市场机会，这样企业便能赢得决策的时间，赢得主动权。另一方面是快，企业面对稍纵即逝的市场机会时，要快速做出反应，快速分析，快速决策，从而快速进入相应的市场。此外，企业要利用资源、大胆创新。当前市场同质化严重，大多数的产品趋于相似。创新能让企业的产品脱颖而出。

2．环境威胁分析

环境威胁是指市场营销环境中对企业不利的各项因素的总和。在分析环境威胁时，企业要能正确分析环境发展趋势，识别可能出现的环境威胁，并且能够正确评判环境威胁的影响程度和出现概率，从而根据分析制定出相应的对策和措施。

根据环境威胁对企业影响程度的大小和环境威胁出现概率的高低，我们可以构造环境威胁分析矩阵，如图2-3所示。矩阵中的威胁可分为4种情况。

图2-3　环境威胁分析矩阵

在环境威胁分析矩阵中，数字1区域是企业必须重视的，这部分的威胁影响程度大、出现概率高，企业必须紧密关注其变化趋势，提前制定应对策略。数字2区域企业同样要重视，虽然这部分的威胁出现概率低，但如果出现就会给企业带来极大的影响。数字3区域的威胁虽然影响程度小，但是出现概率高，企业也要重视。对于数字4区域的威胁，企业主要是分析观察，预防其转化成影响程度大或出现概率高的威胁。

面对可能出现的环境威胁，企业一般有如下 3 种对策。

（1）反对或反抗策略。企业努力设法限制或扭转不利因素的发展。例如：企业通过多种方式促使政府通过某项法令或达成某种协议，或制定某种政策来改变环境威胁；通过各种促销方式或提高产品质量来改变消费者对企业产品的态度等。

（2）减轻策略。威胁总是存在的，企业应当通过各种手段改变营销策略，以减轻环境威胁的程度，例如减少成本、提高生产效率。

（3）转移策略。企业在无法反抗或减轻所面临的环境威胁时，将产品或业务转移到其他市场，或退出该市场并转到其他盈利更高、市场环境更好的行业中去，以寻求新的市场机会。

3．综合环境分析

实际的市场营销环境通常都是机会与威胁、利益和风险并存的综合环境。根据机会和威胁水平的不同，我们可以构造综合环境分析矩阵，如图 2-4 所示。企业面临不同的综合环境时应该采取不同策略。

图2-4　综合环境分析矩阵

（1）面临冒险环境应采取的策略。冒险环境的机会和威胁同在，在有很高利益的同时存在很大的风险。面临这样的环境，企业必须加强风险评估，进行详细的调查，制定相应的预案来应对不同的风险。

（2）面临理想环境应采取的策略。理想环境的机会多、威胁水平低，是企业发展的好机会。此时企业要注重提高自身的市场竞争力、强化品牌形象、保障产品质量，以此来打造长久的竞争优势。

（3）面临困难环境应采取的策略。困难环境的机会少、威胁水平高，风险多于利益，企业处于一个困难的处境。此时企业应及时决策，降低经营规模，缩减产品线，以自己擅长的业务保证企业的存货，同时寻找新的市场机会。

（4）面临成熟环境应采取的策略。在成熟环境下企业可以平稳发展，机会少，但威胁水平较低。面对这样的环境，企业要做好管理规范，稳中求进，获得正常的盈利。同时企业也要居安思危，加强创新、提高服务水平，从而提高消费者忠诚度。

活动2　SWOT综合分析实例

企业想要进行 SWOT 分析，首先要将外部的机会、威胁和内部的优势、劣势分别列出。例如，根据某奶茶店的情况，将优势、劣势、机会和威胁分别列出，进行 SWOT 分析，如表 2-1 所示。

表 2-1　某奶茶店 SWOT 分析

	优势	劣势
内部环境	资金来源多 企业形象好 产品成本低	产品积压 管理混乱 技术研发少
	机会	威胁
外部环境	出现新的市场 政府政策扶持 竞争对手失误	新的竞争对手 替代产品出现 市场环境变差

列举企业内部的优势、劣势和外部的机会、威胁后，构造 SWOT 分析矩阵，得出可选择的战略，如表 2-2 所示，之后便可以制订相应的行动计划。

表 2-2　SWOT 分析与战略选择

外部环境	内部环境	
	优势（S）	劣势（W）
机会（O）	成长型战略（SO 战略）	扭转型战略（WO 战略）
威胁（T）	多经营战略（ST 战略）	防御型战略（WT 战略）

运用系统分析的综合分析方法，扬长避短，企业可供选择的战略主要有以下几种类型。

1. 成长型战略（SO 战略）

内部有优势、外部面临机会是企业最愿意见到的情况。在这种情况下，企业可以利用自己的优势并且抓住市场机会，从而进入新的市场、提高产量。

2. 扭转型战略（WO 战略）

在内部有劣势、外部有机会的情况下，企业虽有很好的外部市场机会，但是因为内部劣势的限制，不能很好地利用市场机会。企业此时应着重解决内部不足。例如，企业没有相应的生产资质、生产设备，那么企业就去申请生产资质，购买设备。

3．防御型战略（WT 战略）

在内部有劣势、外部面临威胁的情况下，企业要想办法克服劣势，降低威胁。例如，由于政府发布了新的产品质量要求，企业生产的一种产品达不到新的标准。此时企业应停止生产不符标准的产品，改进生产工艺，使产品达到新标准。

4．多经营战略（ST 战略）

当内部有优势但外部存在威胁时，企业应该充分利用优势来减轻或者消除环境威胁。例如，某企业具有创新的优势，开发出了一款产品，同行企业纷纷模仿导致市场竞争激烈。此时企业可以通过加快创新、更新产品功能等措施来发挥优势，从而在激烈的市场竞争中脱颖而出。

项目实施

一、环境分析

实训目的：

能从企业经营管理决策的实际出发，确定环境分析的内容，进行科学的市场营销环境分析。

实训内容：

帮助小张对奶茶行业的宏观营销环境、微观营销环境各要素进行分析，确定奶茶加盟店项目投资的可行性。

实训步骤：

（1）各团队成员根据分工，进行实地调查和文献研究，收集资料。

（2）撰写分析报告，提出建议，并制作 PPT 进行汇报。

（3）各团队展示成果。

实训考核：

考核分析报告的撰写质量（占 70%），考核个人在实训过程中的表现（占 30%）。

二、SWOT 分析

实训目的：

能运用 SWOT 分析法进行项目分析并给出应对建议。

实训内容：

运用 SWOT 分析法，帮助小张评估确定适合加盟的奶茶品牌，并对奶茶加盟店项目进行分析，并给出应对措施。

实训步骤：

（1）评估确定适合加盟的奶茶品牌。各项目团队找出 5 个以上奶茶加盟品牌并进行优势与劣势分析。你建议选择哪个品牌进行加盟，为什么？请填写表 2-3。

表 2-3　奶茶加盟品牌优势与劣势分析

品牌	优势	劣势	是否选择
建议选择的原因			

（2）对奶茶加盟店项目进行 SWOT 分析，并给出应对措施。请填写表 2-4。

表 2-4　奶茶加盟店项目 SWOT 分析

内部因素	优势（S）	措施	劣势（W）	措施
外部因素	机会（O）	措施	威胁（T）	措施

实训考核：

考核奶茶加盟品牌优势与劣势分析、奶茶加盟店项目 SWOT 分析（各占 35%），考核个人在实训过程中的表现（占 30%）。

项目总结

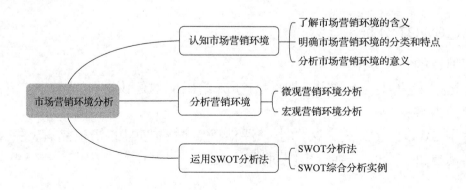

习题

一、选择题

1. 山地自行车和公路自行车销售商之间的竞争关系是（　　）。
   A. 欲望竞争 　　　　　　　　　B. 类别竞争
   C. 产品形式竞争 　　　　　　　D. 品牌竞争

2. 根据恩格尔系数的定义，当消费者收入提高时，恩格尔系数将会（　　）。
   A. 越来越小 　　　　　　　　　B. 越来越大
   C. 保持不变 　　　　　　　　　D. 趋近于零

3. 机会多、威胁水平高的环境被叫作（　　）。
   A. 理想环境 　　　　　　　　　B. 冒险环境
   C. 困难环境 　　　　　　　　　D. 成熟环境

4. 在 SWOT 分析中，下列选项属于企业内部优势的是（　　）。
   A. 行业政策变化 　　　　　　　B. 替代产品出现
   C. 产品创新 　　　　　　　　　D. 市场需求增大

5. 报纸、杂志等传播媒介属于市场营销环境中的（　　）。
   A. 供应商 　　　　　　　　　　B. 社会公众
   C. 竞争者 　　　　　　　　　　D. 营销中间商

6. 下列选项中，不属于宏观营销环境的是（　　）。
   A. 政治法律环境 　　　　　　　B. 金融机构
   C. 社会文化环境 　　　　　　　D. 自然资源环境

二、名词解释

宏观营销环境　个人可支配收入　个人可任意支配收入　社会文化环境

三、简答题

1. 简述市场营销环境的特点。
2. 分析市场营销环境的意义有哪些？
3. 微观营销环境有哪些？
4. 宏观营销环境有哪些？
5. 面对可能出现的环境威胁，企业有哪几种对策？

项目3
市场购买者行为分析

情境导入

  小李三个月前开设了一家淘宝网店，主营时尚女装，本来以为经营网店是一件很容易的事情，毕竟自己网店的女装质量好、价格低，而且时尚潮流。但是网店经营一段时间之后生意一般，订单量有限。她找到学市场营销的好友小艾寻求帮助，小艾告诉小李，要想提升网店的订单量，就必须分析时尚女装消费者的购买行为和影响因素，例如，根据近期的销售情况分析消费者购买女装的数量、款式、时间段、年龄等因素，从而分析消费者的购买行为，掌握消费者的购买决策过程，采取措施吸引更多的消费者进店购买。当然，影响时尚女装消费者购买行为的因素众多，除了小艾提出的几点，还有哪些？时尚女装消费者的购买行为有哪些类型？其购买决策过程又是怎样的？

学习目标

1．了解消费者市场的含义和特征。
2．明确影响消费者购买行为的因素。
3．了解消费者行为的大数据分析。
4．了解组织市场的类型，掌握组织购买决策过程。
5．能正确区分消费者购买行为的类型。
6．能全面分析影响消费者购买行为的因素。
7．能根据组织购买决策阶段分析企业购买过程的合理性。
8．培养发现问题、探究问题、解决问题的能力。
9．培养团队协作的精神。

任务1 消费者市场购买行为分析

活动1 了解消费者市场的含义和特征

一、消费者市场和消费者购买行为的含义

1．消费者市场

消费者市场是指为了满足生活需要而购买产品或服务的一切个人和家庭的总称，它是企业产品、服务流通的终点，也是企业营销研究的主要对象。

在消费者市场中，消费者是市场的中心，消费者的需求和偏好决定了市场的走向。企业只有深入地研究消费者的需求和偏好，并提供消费者需要的产品和服务，才能在市场上取得成功。

2．消费者购买行为

消费者购买行为是指消费者在购买产品或服务时所采取的行动及所表现出的态度，包括消费者在购买前的购买决策、购买中的购买方式、购买的频率以及购买后的评价等。

二、消费者市场的特征

1．普遍性与发展性

消费者市场是最终使用者市场，通常以全部人口为服务对象。消费者市场中的消费者分布广泛，需要通过多种渠道进行营销。同时，消费者市场人数众多，具有购买数量少、购买次

案例分析

预制菜为何火爆
消费者市场

数多的特征。

2．多样性与发展性

因为消费者市场人数众多，并且消费者的年龄、收入等各不相同，导致消费者的购买行为各有不同。同时，消费者的消费行为随着科技的发展、经济的增长、社会的进步而发生改变。例如，随着科技的发展，消费者对智能家居、智能手机等产品的需求不断增加。

 小讨论

随着消费升级，越来越多的消费者更加注重消费品质，表现出强烈的健康、悦己需求。《2022 低碳社会洞察报告》显示，年轻一代更加重视环境与生态问题，在环保支付方面表现出突出意愿。《2021 新锐品牌人群洞察报告》指出，循环消费模式日益受到我国青年消费群体的关注。新潮且环保是青年群体选择加入循环时尚消费的核心驱动因素。结合消费者市场的特征，分析年轻人为何热衷"可持续消费"？

3．可诱导性、可互补性、可替代性

消费者市场中的消费者可以被营销手段所诱导。例如，特价促销、明星代言等方式是常见的营销手段，可以吸引消费者的关注和购买。消费者市场中的产品和服务之间可以相互补充。例如，消费者在购买羽毛球拍时，也需要购买羽毛球，这两种产品就是互补品，当羽毛球拍销量上涨时，羽毛球的销量也随之上涨。消费者市场中的产品和服务之间也可以相互替代，消费者可以根据自己的需求选择合适的产品和服务。如果两种产品可以相互替代，当一种产品价格上涨时，另一种产品的需求就会增多。

4．地区性和季节性

消费者市场的消费者分布在不同的地区，不同地区的消费者有着不同的习惯以及需求，从而表现出某个地区有着共同的消费特点。例如，我国的饮食口味是南甜北咸、东辣西酸，南方主食以米饭为主，北方则以面食为主。消费者市场的需求随季节变化而变化，相同的产品在不同的季节销量不同。例如，夏季销售冰激凌，冬季销售保暖用品等。某些产品在特殊的节日销量也会大增，如端午节的粽子。

 小讨论

结合自身的日常购物体验，谈谈消费者市场的特征有哪些。

活动2　明确影响消费者购买行为的因素

消费者购买行为受到多种因素的影响，如个人因素、心理因素、社会因素、文化因素等。这些因素互相作用，共同影响着消费者的购买行为。随着时代的变迁，影响消费者购买行为的因素也在悄然变化着，消费者的购买诉求、选择标准、交易过程等因素都有了新的变化。因此企业需要充分研究消费者的购买行为，分析影响消费者购买行为的因素，以确定更有效的营销策略。

一、个人因素

1．年龄与性别

不同年龄段的人对产品和服务的需求和偏好不同。例如，年轻人更注重时尚流行，而老年人更注重实用耐用。同样，男女在购买习惯上也有所不同。例如，男性更注重功能，而女性更注重外表和品质。

2．收入水平

消费者的收入水平直接影响他们的购买力和消费水平。收入水平高的消费者会追求高价格、高品质的产品或服务，而收入水平低的消费者通常购买性价比较高的产品或服务。

3．职业与教育

从事不同职业的消费者会有较为明显的消费行为上的差异。受教育程度不同的消费者消费行为也有差异，例如在购买食物上，受教育程度高的消费者倾向于购买环保、有机的产品，而受教育程度低的消费者可能更注重产品的价格与实用性。

4．个性与生活方式

个性是指人的思想、情感、行为、心理特征等较为稳定的外在表现。生活方式是指消费者消费行为、消费偏好的总和。个性影响着消费者的生活方式，也可以说，消费者的个性通过其生活方式表现。例如，一个消费者很注重健康，他会更倾向于购买健康、环保、有机的食品和生活用品。

 小讨论

2023 年夏天，"多巴胺"爆火！多巴胺穿搭、多巴胺妆容频频"刷屏"，"多巴胺"所到之处，满屏都是高饱和度、明亮鲜艳的色彩，极具视觉冲击力。多巴胺咖啡、多巴胺茶饮迅速流行起来。每一种流行风潮背后都有深层的原因，你是如何看待"多巴胺式"内容的？试分析"多巴胺"风潮给企业营销提供了哪些新思路。

二、心理因素

1．态度

态度是指消费者对品牌、价格、服务等方面的态度。消费者的态度会影响其购买行为。

2．购买动机

（1）情感动机。情感动机指消费者购买产品或服务是由情感因素引发的。这种动机与产品所象征的意义、产品的品牌与形象有关。消费者购买的主要原因是为了满足他们的情感需求，而不是为了实际的产品或服务本身。

（2）理智动机。理智动机指消费者购买产品或服务是由实际需求引发的。这种动机与产品的功能、品质等相关。消费者购买主要是为了满足实际的需求。例如，消费者因工作需要买一台笔记本电脑，此时在消费者购买过程中，理智动机起着很重要的作用。

（3）偏好动机。偏好动机指消费者购买产品或服务是由个人的喜好引发的。这种动机与个人的兴趣、喜好等相关。消费者购买主要是因为他们喜欢这个产品或服务，而不是出于其他目的。例如，在购买服装、食品等时，偏好动机是非常重要的因素。

三、社会因素

1．家庭因素

家庭在塑造一个人的购买行为中起着重要作用。家庭因素主要包含 3 个方面：一是家庭结构，具体是指家庭中人口的数量、年龄等；二是家庭角色，是指成员在家庭中的身份，是父亲、母亲还是子女等；三是家庭生活方式，是指这个家庭成员的生活方式、兴趣爱好等。

2．相关群体

相关群体是指那些对消费者态度或行为有直接或间接影响的群体。相关群体有 3 种形式。一是主要群体。个人与主要群体之间保持一种长久的、非正式的互动关系，例如家庭、邻居和生意伙伴关系。主要群体对消费者的购买行为产生直接和主要的影响。二是次要群体。个人与次要群体之间则趋于一种正式的、非长久型的互动关系，如消费者所参加的工会、职业协会等社会团体和业余组织等。这些群体对消费者购买行为发生间接的影响。三是期望群体。消费者虽不属于这一群体，但这一群体成员的态度、行为对消费者有着很大影响。消费者会通过模仿来满足自己向往的心理需求，例如模仿知名艺人的穿搭、发型、动作等。

四、文化因素

1．区域文化

受不同地区的历史、地理、气候等因素的影响，不同地区的文化表现出不同的特点，这些特点会影响消费者的购买行为。例如，我国南方地区的人们更注重口味和食材的新鲜度，而北方地区的人们则更注重食物的热量和营养价值。

2．亚文化

亚文化是指在主流文化基础上形成的一种特殊的文化形态。亚文化通常由特定的社会群体所形成，其文化特点会影响消费者的购买行为。例如，摇滚乐迷通常会选择有着摇滚元素的服装和配饰，而嘻哈文化追随者则更注重时尚和个性。

3．社会阶层

社会阶层是指按照一定的社会标准，如收入、受教育程度、职业、社会地位及名望等，将社会成员划分成若干社会群体。同一社会阶层的人往往有着共同的价值观、生活方式、思维方式和生活目标，并影响着他们的购买行为。不同社会阶层的人，他们的经济状况、价值观念、兴趣爱好、生活方式、大众传播媒体偏好等各不相同。这些都会直接影响他们对产品、品牌、商店、购买习惯和购买方式的选择。

> 🧑 **案例分析**
>
> 　　娃哈哈作为当之无愧的国民"老字号"，面临着当下年轻人赋予的新课题。娃哈哈意识到，提高与年轻人的对话能力是品牌在新市场环境下亟待解决的问题。从 AD 钙奶味月饼、哈哈粽、未成年雪糕，再到盛典 BilibiliWorld、未成年学院，以及娃哈哈着力打造的哈宝游乐园等，娃哈哈正积极地以一种年轻化的姿态示人。品牌年轻化之路同样需要更加高效、灵活的生产制造来赋能。
>
> 　　以市场为导向，娃哈哈文成工厂聚焦高精特新，以先进制造技术、自动化技术的工业技术和物联网、大数据、人工智能、工业互联网、数字孪生等新一代信息技术为基础支撑，通过先进的生产装备、技术、数据、管理的有机融合，解决了柔性化生产的核心难点。
>
> 　　结合案例内容，分析消费者市场当下的变化和趋势。

👤 活动3　认识消费者购买行为的类型

一、根据购买动机不同分类

（1）功能购买：消费者购买产品是为了满足某种实际的需求。例如，买一瓶水解渴，买羽绒服御寒。

（2）社会购买：消费者购买产品是为了满足社会需求。例如，购买品牌服装、高档手表来显示自己的身份。

（3）情感购买：消费者购买产品是为了满足情感需求。例如，购买鲜花、礼物、纪念品等。

二、根据购买决策复杂程度分类

1．习惯购买行为

消费者在购买某种产品时，形成了固定的购买习惯。例如，购买食盐、洗衣粉等价格低廉、品牌差别很小的产品时，消费者的介入程度很低，这类购买行为就属于习惯购买行为。

2．简单购买行为

简单购买行为是指消费者在购买产品时，对于一些价格低廉的产品，即使对这个产品不太熟悉，也不会花很长时间去决策的购买行为。例如，消费者口渴，去超市随意买了一瓶水。

3．复杂购买行为

消费者不太了解、价格较高的耐用品由于价格较高，购买决策时风险比较大，消费者需要考虑产品的多种因素，搜集多方面的信息，因此做出购买决定需要花费更长的时间。

4．选择购买行为

选择购买行为是指消费者购买价格较高的产品，具有较大的购买风险，但是消费者对于所要购买的这类产品比较熟悉，具备相关知识，在购买时知道如何选择，可以根据产品参数、价格等做出选择的购买行为。例如，计算机专业的学生去购买计算机，由于其具备专业的知识，最终根据比较可以做出最优的选择。

三、根据购买频率不同分类

（1）经常购买行为：消费者经常购买一些产品，如购买日用品等。

（2）间隔购买行为：消费者不定期地购买产品。例如，换季购买服装，每隔几年购买新手机。

四、根据购买渠道不同分类

（1）实体店购买：消费者在实体店中购物。例如，去超市买水，去服装店买衣服。

（2）网络购买：消费者通过网络平台进行购物。例如，在淘宝上买衣服、零食。

小讨论

购物的时候，有的人会选择网上购物，有的人则倾向于线下实体店。影响购买渠道选择的因素有哪些？

👤 活动4 掌握消费者购买决策过程

消费者购买决策过程是指消费者在购买某种产品或服务时经历的一系列决策过程。这个过程通常包括 5 个阶段：需求识别阶段、信息搜索阶段、评估比较阶段、购买决策阶段和购买后阶段。

一、需求识别阶段

消费者在购买产品或服务前，会先对自己的需求进行感知和认知，从而产生购买动机。内在需求和外部刺激都有可能引发消费者的需求。例如，消费者因口渴想要买水，因上班通勤需要买自行车等是内在的需求。消费者看到躺椅的广告，联想到自己愉快地在躺椅上晒太阳，进而购买了产品，这就是外部刺激引发的需求。

二、信息搜索阶段

消费者在感知到自己的需求后，会主动或被动地寻找相关的信息。这些信息可能来自朋友、家人、广告、媒体等渠道。例如，一个人在想要买一台电视时，会在网上、实体店等渠道寻找相关的信息。

三、评估比较阶段

消费者在收集到足够的信息后，会对不同的选项进行比较和评估，从而做出最终的决策。例如，一个人在比较不同品牌的电视时，会考虑价格、功能、品质等多个因素。

四、购买决策阶段

消费者在进行比较和评估后，会做出最终的购买决策。这个决策可能是购买、放弃或推迟购买等。例如，一个人在比较多个品牌的电视机后，决定购买某个品牌的电视。营销人员在此阶段要识别影响消费者购买决策的因素，如消费者认为的价格、售后等问题，及时打消消费者的疑虑。

知识拓展

5A 模型

五、购买后阶段

在消费者购买后，整个购物流程其实并未结束，消费者会对所购买的产品或服务进行评估和反馈，这可能会影响消费者未来的购买行为。因此企业应加强售后服务。例如，一个人在购买后发现电视存在质量问题，可能会对该品牌产生不满，从而影响到未来的购买决策。

活动5　了解消费者行为的大数据分析

一、消费者行为的大数据分析的含义

消费者行为的大数据分析是指通过收集、整理和分析大量消费者数据，以了解消费者的行为、偏好和需求，从而为企业提供更精准的营销策略和服务。例如，淘宝根据每个用户的历史购买、浏览、搜索等数据，为每个用户推荐不同的产品和服务，以满足用户的需求，提高用户的购买转化率和购买满意度。

💡 **小讨论**

淘宝千人千面

假设有两个用户A和B，他们都搜索了"运动鞋"，但是A更偏好潮流款式的运动鞋，而B更偏好舒适的运动鞋。淘宝根据A和B的历史购买、浏览、搜索等数据，为A推荐潮流款式的运动鞋，为B推荐舒适的运动鞋。这样，A和B都能看到符合自己需求的产品，提高了购买满意度，同时也提高了淘宝的购买转化率和销售额。

淘宝千人千面的优势在于什么？谈谈你的看法。

二、消费者行为的大数据分析的内容

消费者行为的大数据分析主要从以下几个方面展开。

1. 消费习惯分析

企业可以通过分析消费者的购买历史、搜索记录、浏览记录来了解消费者的购买习惯、偏好和消费能力。

2. 产品评价分析

企业可以通过分析消费者对产品的评价、反馈和意见，了解产品的优点和不足，从而有针对性地改进产品。

3. 营销效果分析

企业可以通过分析营销活动结束后的营销数据来了解营销活动的效果，从而有针对性地调整和改进。例如，网店通过数据分析得知，满减活动的促销效果不如购买多件打折活动，这时就可以及时调整营销方案。

4．社交媒体分析

企业可以通过了解消费者对产品的看法、对竞争对手产品的看法，有针对性地改进产品和明确精准的营销策略。例如，今日头条能通过算法分析用户的兴趣，从而能更精准地推荐内容。

5．地理位置分析

企业可以通过分析消费者的地理位置和行为轨迹，了解不同地区的消费特点和需求。例如，滴滴通过地理位置分析了解用户在哪些地区和时间段使用其服务，以及用户的出行需求和偏好。基于这些数据，滴滴制定了更加精准的价格策略和服务优化策略，在繁忙的商业区和交通枢纽增加更多的司机，或根据不同地区和时间段的出行需求调整价格。

任务2　组织市场购买行为分析

👤 活动1　了解组织市场的类型

组织市场不同于消费者市场，它是指企业与企业之间进行的销售和采购活动，也称为 B2B 市场。组织市场的类型主要有以下几种。

一、垂直市场

垂直市场是指针对特定行业或产业的市场，企业之间进行的销售和采购活动主要集中在特定的行业或产业中。这种市场的特点是竞争激烈，需求稳定，产品和服务要求高。例如，汽车零部件供应商与汽车制造商之间的销售和采购活动，以及医疗设备供应商与医院之间的销售和采购活动。

二、水平市场

水平市场是指不同行业或产业之间的市场，企业之间进行的销售和采购活动跨越不同的行业或产业。这种市场的特点是规模大，需求多样化，竞争激烈。例如，企业之间的 IT 设备采购、销售，以及不同行业之间的原材料采购、销售。

三、政府市场

政府市场是指政府机构进行的采购和销售活动，涉及的产品和服务主要是公共事业、基础设施建设、军事防卫等领域。这种市场的特点是需求稳定、程序烦琐、竞争激烈。

四、国际市场

国际市场是指企业之间进行的跨国销售和采购活动。这种市场的特点是差异大，政策法规不同，需求多样化。例如，国内企业与非洲国家之间的跨国销售和采购活动。

小讨论

4 种组织市场的购买行为有何异同点？

活动2　明确影响组织市场购买的因素

组织市场购买行为与组织自身的需求和实力有关，同时会受到外部环境的影响。影响组织市场购买的因素有很多，主要包括以下几个方面。

一、采购成本

组织市场的采购成本包括采购价格、运输成本、存储成本等。如果采购成本高，企业在购买时就会更加谨慎，力求降低采购成本。

二、产品质量

产品质量是影响组织市场购买的重要因素之一。企业需要选择高质量的产品和服务，以保证其生产和运营的稳定。

三、供应商信誉度

企业需要选择信誉度高、服务质量好的供应商，以保证供应链的顺畅和稳定。例如，某制药企业在采购原材料时，通常会选择信誉度高、质量稳定的供应商，以确保生产流程的顺畅。

四、采购周期

企业需要选择能够在规定时间内交货的供应商，以保证生产计划的顺利执行。例如，某汽车制造商在采购零部件时，通常会选择能够在规定时间内交货的供应商，以确保生产线的顺畅运行。

五、政策法规

政策法规是影响组织市场购买的重要因素之一。企业需要遵守各地的政策法规，以保证自身的合法稳定。例如，建筑公司在采购建筑材料时，需要遵守各地的建筑法规和环保法规，以确保施工的合法、环保。

综上所述，影响组织市场购买的因素是多方面的，企业需要综合考虑各种因素，以选择最适合自身需求的供应商和产品。

活动3　掌握组织购买决策过程

组织购买决策过程是指企业或组织在采购产品或服务时所经历的一系列决策过程。这个过程可以分为8个阶段，包括需求识别阶段、信息搜索阶段、评估和选择阶段、采购决策阶段、采购实施阶段、采购后评价阶段、供应商关系管理阶段和采购决策的影响因素阶段。

（1）需求识别阶段。企业或组织会识别自身的需求，并明确采购计划。

（2）信息搜索阶段。企业或组织会搜集各种信息，包括产品或服务的差异、价格、供应商信誉度等。

（3）评估和选择阶段。企业或组织会对不同的产品或服务进行比较和评估，然后选择最适合自身需求的产品或服务。

（4）采购决策阶段。企业或组织会与供应商进行谈判，并最终决定是否采购。

（5）采购实施阶段。企业或组织会签订合同、支付费用，然后接收产品或服务。

（6）采购后评价阶段。企业或组织会对采购过程进行评价和反思，并对下一次采购做出调整和改进。

（7）供应商关系管理阶段。企业或组织会与供应商建立和维护良好的关系，以确保供应链的稳定和顺畅。

（8）采购决策的影响因素阶段。企业或组织会考虑各种因素，包括采购成本、产品质量、供应商信誉度等，来做出最终的决策。

组织购买决策过程是企业或组织采购过程中非常重要的一部分，对于企业或组织的采购决策和采购效果具有重要影响。

活动4　了解网络时代组织购买的变化

随着网络时代的到来，组织购买决策过程产生了深刻的变化。这种变化主要表现为以下几个方面。

一、信息来源广泛化

网络时代，企业或组织可以通过互联网获取更广泛的信息来源，包括搜索引擎、社交媒体、行业论坛等。这使得企业或组织在信息搜索阶段可以获得更多的信息，可以更全面地了解市场情况和竞争对手。

二、采购方式多样化

随着网络技术的发展，企业或组织可以通过电子商务、拍卖、竞价等方式在网络平台上进行在线采购。这使得企业或组织可以更加方便、快捷地进行采购，从而降低采购成本，提高采购效率。

三、供应商选择多元化

网络时代，企业或组织可以通过网络平台选择全球范围内的更多的供应商。这使得企业或组织可以选择更适合自身需求的供应商，从而提高采购的质量和效果。

四、供应链管理完善化

随着网络技术的发展，企业或组织可以通过网络平台实现供应链的信息化管理，包括供应商管理、库存管理、物流管理等。这使得企业或组织可以更好地掌握供应链的情况，及时调整采购策略，提高供应链的效率。

五、数据分析应用化

网络时代，企业或组织可以通过大数据分析技术，对采购过程进行深入分析，包括采购成本、供应商信誉度、采购效果等。这使得企业或组织可以更好地了解采购过程中的问题和挑战，及时调整采购策略，提高采购的效果和效益。

总之，网络时代的到来对组织购买决策过程产生了深刻的影响，企业或组织需要及时调整采购策略，以适应网络时代的采购环境和挑战。

项目实施

一、消费者行为分析

实训目的：
理解消费者购买动机和购买决策过程，并据此提出促销建议。

实训内容：
结合你网购服装的经历分析，你的购买行为主要受到了哪些因素的影响？这样的经历使你对产品形成了怎样的看法？对于以后的购买又会产生的影响？注意你的购买决策过程的阶段划分、商家营销手段的运用，并站在商家角度提出营销建议。

实训步骤：
（1）搜集产品属性及卖点特征，并对比竞品。
（2）根据产品特点描述消费者市场的特征，并分析影响因素。
（3）分析消费者购买决策过程。
（4）提出有针对性的营销策略。

（5）撰写消费者行为分析研究小结，并进行交流评价。

实训考核：

考核研究小结的撰写质量（占70%），考核个人在实训过程中的表现（占30%）。

二、组织市场行为分析

实训目的：

能科学地进行组织市场行为分析。

实训内容：

学校每年都会集中采购粉笔、纸张等教学耗材以满足日常的教学需求。虽然学校是教育教学组织，但是也会有购买行为。请你对学校的购买行为进行分析，从而巩固所学知识。

实训步骤：

（1）分析学校购买行为与消费者购买行为的不同之处。

（2）总结学校购买行为的特殊之处。

（3）分析学校的购买决策过程。

（4）分析组织市场的营销思路。

（5）撰写研究小结，并进行交流评价。

实训考核：

考核研究小结的撰写质量（占70%），考核个人在实训过程中的表现（占30%）。

项目总结

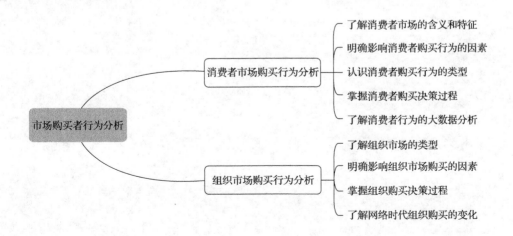

习题

一、名词解释

消费者购买行为　理智动机　组织市场　垂直市场　水平市场

二、简答题

1. 消费者市场的特征有哪些？
2. 影响消费者购买行为的社会因素有哪些？
3. 消费者购买决策过程包括哪些阶段？
4. 影响组织市场购买的因素有哪些？

三、案例分析

国产品牌小米公司不仅手机深受消费者青睐，小米有品中的空调、门锁、电视、扫地机器人等产品依然受到广大消费者的喜爱。大家结合本节课学习的内容分析小米系列产品火爆消费者市场的原因有哪些？

项目4

营销调研

　　小张经过营销环境分析后，认为在家乡加盟奶茶店的创业项目可行。但是，市面上的奶茶品牌数量众多，风格和口味也是各有特色，自己到底该选择哪家品牌进行加盟合作呢？一时间小张陷入了迷茫。有一天，小张看到大街上有人发放问卷进行调研，他突然想到自己也可以做个营销调研，了解当地民众对于奶茶的偏好。可是要推进调研的时候小张又犯了难。营销调研的方法有多少？采用哪种方法？如果发放问卷，那么调查问卷又该如何设计？调研又该如何具体地开展？请你帮助小张制定一个营销调研方案。

学习目标

1．明确营销调研的内容，掌握营销调研的方法。
2．明确问卷的基本结构，掌握问卷设计的过程。
3．掌握营销调研的过程。
4．掌握营销调研报告的构成和内容。
5．能结合企业的实际情况，初步进行调研策划。
6．能够恰当地运用各种方法，进行营销调研。
7．能够根据调研目标，科学地设计调查问卷。
8．能根据调研结果，撰写调研报告。
9．培养认真严谨、善于思考的工作态度。
10．培养能借助大数据平台等工具搜索的信息素养。
11．培养"没有调查就没有发言权"的工作理念。

任务1 营销调研概述

营销调研是经营决策的前提，"没有调查就没有发言权"。只有充分认识市场，了解市场需求，对市场做出科学的分析判断，实施精准营销，才能更好地拓展市场，使企业兴旺发达。

活动1 了解营销调研的作用

一、营销调研的含义

营销调研是指运用科学的方法，有目的、有计划地搜集、记录、整理和分析与企业经营活动有关的信息资料，从而了解市场发展变化的现状和趋势，为市场预测和经营决策提供科学依据的过程。

知识拓展

大数据时代的
营销特性

二、营销调研的作用

营销调研的任务是为管理和决策部门提供相关的、准确的、可靠的、有效的信息，降低决策失误的风险。高质量的市场营销调研是营销策略成功的基础。营销调研的作用主要体现在为企业的经营决策提供依据，有助于企业开拓市场和开发新产品，有助于企业提高营销管理水平，有利于企业提高市场竞争能力。

活动2 明确营销调研的内容

营销调研的内容涵盖市场营销活动的整个过程，主要包括以下5个方面。

1．市场环境调研

（1）经济环境调研：主要包括对经济发展水平、经济结构、消费支出模式及信贷等的调研。

（2）政治法律环境调研：主要包括对政治制度、方针政策和法律法规等的调研。

（3）社会文化环境调研：主要包括对消费习俗和价值观念等的调研。

（4）科学技术环境调研：是指对新技术、新工艺、新材料、新产品、新能源和新标准等的调研。

（5）自然地理环境调研：是指对地理、气候、资源等的调研。

2．市场需求调研

市场需求调研主要包括消费者需求量调查、消费者收入调查、消费结构调查、消费者行为调查，涵盖消费者为什么购买、购买什么、购买数量、购买频率、购买时间、购买方式、购买习惯、购买偏好和购买后的评价等。

3．市场供给调研

市场供给调研主要包括产品生产能力调查、产品实体调查等。具体来说，市场供给调研是调查某一产品市场可以提供的产品数量、质量、功能、型号、品牌等，以及生产供应企业的情况等。

4．市场营销因素调研

市场营销因素调研主要包括产品、价格、渠道和促销的调研。产品调研主要是调查市场上新产品的开发情况、消费者的使用情况、消费者的评价、产品的生命周期阶段、产品的组合情况等。价格调研主要是调查消费者对价格的接受情况、对价格策略的反应等。渠道调研主要是调查渠道的结构、中间商的情况、消费者对中间商的满意情况等。促销调研主要是调查各种促销活动的效果，如人员推销的效果、广告的效果、营业推广的效果等。

5．市场竞争情况调研

市场竞争情况调研是指对竞争企业进行调查和分析，了解同类企业的产品、价格等情况以及它们采取了什么竞争手段和策略，从而帮助企业确定自身的竞争策略。

 小讨论

我们可以通过哪些渠道了解奶茶店竞争对手的情况？

活动3　掌握营销调研的方法

企业进行营销调研必须采用恰当的方法和形式来收集资料，这样才能得出科学的调研结论。营销调研的方法主要有以下5种。

一、观察法

观察法是营销调研最基本的方法，是指由调查人员直接或通过仪器在现场对调查对象（即被调查者）的情况，有目的、有针对性地进行观察记录，以研究被调查者的行为和心理的调查方法。观察法的具体形式主要有3种。

（1）直接观察法：调查人员直接到调查现场，对被调查者的行为进行观察。

（2）痕迹观察法：调查人员在调查现场观察和分析被调查者活动后留下的痕迹。

（3）行为记录法：调查人员通过有关仪器，对被调查者的活动进行记录和分析。

观察法的优点是取得的资料客观，反映的问题接近实际，准确率较高；缺点是观察到的只是一些表面现象，难以了解被调查者的心理动机。

二、实验法

实验法是指由调查人员根据调查的要求，通过实际的小规模实验对比，检验用户对某一产品或某项营销措施执行情况等的反应，以收集信息资料的调查方法。常见的具体形式有实验室实验法、现场实验法。

实验法比较科学，调研结果准确；但调查成本较高，实验时间较长。

三、询问法

询问法是指按照预先准备好的调查提纲或调查表，通过口头、电话或邮寄等形式，向被调查者了解情况、收集资料的调查方法。常见的具体形式有访问调查法、电话询问法、邮寄调查法、留置调查法等。

1.访问调查法

访问调查法指调查人员以面对面的方式，对被调查者进行访谈，来获取相关信息。访问调查法可分为个人访谈和小组访谈两种形式。个人访谈指通过面对面的询问被调查者的情况来收集资料。小组访谈指调查人员根据访问目的，将被调查者6～10人随机组成一个专题小组，由调查人员提出各种问题，被调查者围绕问题展开讨论。

2.电话询问法

电话询问法指调查人员根据抽样要求，在样本范围内通过电话询问的方式向被调查者询问事先拟定的内容。

3．邮寄调查法

邮寄调查法指将事先设计好的调查问卷，通过邮件的形式寄给被调查者，让其填好后在规定的期限内寄回。

4．留置调查法

留置调查法指将调查问卷当面交给被调查者，说明填写的要求并留下问卷，让被调查者自行填写，由调查人员定期收回的一种调查方法。

四、文献调查法

文献调查法又称间接调查法，是指通过查阅、收集多种历史和现实的动态文献资料，从中摘取与营销调研课题有关的资料，对内容进行分析研究的调查方法。文案调查法是对第二手资料的收集、整理、加工和分析，是一种高效的调查方法。

五、网上调查法

网上调查法也称在线调查法，是利用互联网工具，系统地进行营销信息的收集、整理、分析和研究的方法。随着网络技术、信息技术的发展，网上调查法将从一股新生力量向主流形式发展。其具体形式主要有以下3种。

1．网上问卷法

网上问卷法是指在网上发布问卷，被调查者通过网络填写问卷，完成调查。网上问卷法成本低，问卷分发、回收便捷快速，逐渐被广泛使用。

2．网上讨论法

网上讨论法可通过多种途径实现，如网上论坛、微信、QQ、网络会议（Net Meeting）等。主持人在相应的讨论组中发布调查项目，邀请被调查者参与讨论或者将分散在不同地域的被调查者通过网络会议组织起来，在主持人的引导下进行讨论。

3．网上观测法

网上观测法是按照事先设计的观测项目和要求，利用网络技术对网站访问的情况以及使用者的网上行为进行记录、观察或自动检测，然后进行分析处理的一种调查方法。

网上调查法也存在着一定的局限。被调查者在网上自行填写问卷，填写过程缺乏有效的监督，有可能导致调研结果误差较大。

知识拓展

分析报告常用查询网站

知识拓展

大数据赋能营销调研

大数据调研虽然具有传统调研无法企及的优势，但并非可以完全替代传统调研。因此，企业要根据不同的需求，选取不同的营销调研方法。

任务2 设计调查问卷

👤 活动1 明确问卷的基本结构

问卷调查是现代社会市场调研中最常用的调研形式。在问卷调查过程中，问卷设计是关键，问卷设计的好坏将直接决定问卷调查能否获得准确可靠的市场信息。

一、调查问卷的含义

调查问卷又称调查表，是调查人员根据调查目的精心设计的一份调查表格，是现代社会用于收集资料的一种最为普遍的工具。一份完善的调查问卷应从形式和内容两个方面同时取胜。从形式上看，要求调查问卷版面整齐、美观、便于阅读和作答；从内容上看，要求调查问卷问题具体、表述清楚、重点突出、整体结构好，能完成调查任务，便于统计整理。

二、问卷的基本结构

问卷的基本结构一般包括标题、卷首语、指导语、正文和结束语。其中，正文是问卷的核心部分，是每一份问卷都必不可少的内容，而其他部分则可以根据调查的需要进行取舍。

1．标题

标题概括说明问卷调查研究的主题，使被调查者对要回答什么方面的问题有大致的了解。标题应简明扼要、一目了然，能够激发被调查者的兴趣和责任感。例如：

1.4升排量以下小排量汽车市场需求状况调查（只有主标题）
我与广告——公众广告意识调查问卷（主标题＋副标题）

2．卷首语

卷首语又称说明信，是一封给被调查者的短信，主要是向被调查者简单地介绍此次问卷调查的主要目的、意义、被调查者的身份、填写要求等，用于拉近和被调查者的关系，赢得被调查者的信任。例如：

女士们、先生们：

您好！

我是×××市场调查公司的访问员工，我们正在进行一项日用产品的市场调查，我们很乐意知道您对此类产品的看法和意见，以便我们改进产品，请您根据您的实际想法作答。访问大约需要 20 分钟，访问结束后我们将送您一份小礼物以表示感谢。

×××市场调查公司

3．指导语

指导语又称填表说明，主要用来规范和帮助被调查者准确地回答问卷问题。填表说明可以集中地放在问卷前面，也可以分散到各有关问题之前。

卷头指导语一般标有"填表说明"的标题，其作用是对填表方法、要求、注意事项等做一个总体说明。例如：

填表说明（示例）：

A．凡符合您的情况和想法的项目，请在相应的括号中划"√"。

B．每页右边的阿拉伯数字和短横线是计算机汇总资料用的，不必填写。

C．请回答所有的问题。如有一个问题未按规定回答，整个问卷会作废处理。

卷中指导语一般是针对某些较为特殊的问题所做出的特定指示。例如：

"可选多个答案"

"若不是，请跳过 10-14 题，直接从 15 题开始答起"

"家庭人均收入即全家人口的总收入除以全家人数"

4．正文

正文是问卷的核心部分。它主要是以提问的方式提供给被调查者，让被调查者进行选择和回答。正文内容设计的好坏直接关系到调查人员能否很好地完成信息收集、实现调查目标。

问卷中的问题，从形式上看，可分为开放式、封闭式和混合型三大类。开放式问题只提问题，不给具体答案，要求被调查者根据自己的实际情况作答。封闭式问题则既提问题，又给出若干答案，被调查者只需在其中选择答案即可。混合型问题又称半封闭式问题，是在采用封闭式问题的同时，最后再附上开放式问题。

5．结束语

结束语一般放在问卷的最后，用来简短地对被调查者表示感谢，或者征询被调查者对问卷设计和问卷调查本身的看法和感受。

案例分析

请阅读配套资源中的案例材料，思考：这份问卷初稿设计是否符合调研目标？

案例分析

啤酒的新包装

活动2 掌握问卷设计的过程

问卷设计的过程一般包括十大步骤：确定所需信息、确定问卷的类型、确定问题的内容、确定问题的类型、确定问题的措辞、确定问题的顺序、问卷的排版、问卷的测试、问卷的定稿、问卷的评价。

一、确定所需信息

确定所需信息是问卷设计的前提工作。调查人员必须在问卷设计之前就把握所有达到研究目的和验证研究假设所需要的信息，并决定所有用于分析使用这些信息的方法，并按这些分析方法所要求的形式来收集资料，把握信息。

二、确定问卷的类型

制约问卷类型选择的因素很多，而且研究课题不同，调查项目不同，主导制约因素也不一样。在确定问卷类型时，调查人员必须综合考虑相关制约因素，如调研费用、被调查者、调查内容等。

三、确定问题的内容

确定问题的内容看起来是个比较简单的问题。事实上不然，也许一个人认为容易的问题，在另一个人看来却比较困难。因此，将问题的内容与被调查者联系起来，同时分析一下被调查者群体，这比盲目确定问题的内容效果更好。

四、确定问题的类型

问题的类型归结起来分为 4 种：问答题、两项选择题、多项选择题和顺位式问答题，其中后 3 种均可以称为封闭式问题。

1．问答题

问答题也称开放式问题，只提问题，不给具体答案，要求被调查者根据自身的实际情况作答。在实际的调查问卷中，问答题并不多。问答题的主要优点是被调查者的观点不受限制，便于深入了解被调查者的意见、态度、需求等；主要缺点是难于编码和统计。

2．两项选择题

两项选择题是多项选择题的一个特例，一般只设两个选项，如"是"与"否"、"有"与"没有"等。两项选择题的优点是简单明了，缺点是所获得的信息量太小，有时难以了解和分析被调查群体中客观存在的不同态度层次。

3．多项选择题

多项选择题是从多个备选答案中选择几个。这是各种调查问卷中采用得最多的一种问题类型。多项选择题的优点是便于回答，便于编码和统计，缺点主要是问题提供答案的排列次序可能引起偏见。对于没有强烈偏好的被调查者而言，选择第一个答案的可能性大大高于选择其他答案的可能性。如果备选答案均为数字，没有明显态度的人往往选择中间的数字而不是偏向两端的数字。如果备选答案用A、B、C字母编号，不知道如何回答的人往往选择A，因为A往往与高质量、好等相关联。

4．顺位式问答题

顺位式问答题又称序列式问答题，是在多项选择的基础上，要求被调查者对询问的问题答案，按自己认为的重要程度和喜欢程度顺位排列。

在实际的调查问卷中，往往几种类型的问题同时存在，单纯采用一种类型问题的问卷并不多见。

五、确定问题的措辞

很多人可能不太重视问题的措辞，而把主要精力集中在问卷设计的其他方面，这样可能会降低问卷的质量。在设计提问项目时，提问尽量具体、明确，避免抽象或一般的问题；用词应通俗易懂，避免专业用语和不易理解、模糊的语言；提问应简洁明了，避免冗长、复杂的问题；提问应直截了当，避免反问句或否定句；提问态度应客观，避免诱导性提问；提问中涉及的概念要有明确的界定。

六、确定问题的顺序

确定问题的顺序应注意以下几点。

（1）问题的安排应具有逻辑性，先问有没有，再问程度。

（2）问题的安排要先易后难。

小讨论

表4-1中，哪种措辞好？为什么？

表 4-1　比较问题的措辞方式

问题	措辞 1	措辞 2
1	请问您喜欢喝什么牌子的奶茶	最近 1 个月，您喝过什么牌子的奶茶呢
2	对 ×× 奶茶的包装与味道，您是否喜欢呢	请您分别给 ×× 奶茶的包装和味道打分（满分 5 分）
3	大家都觉得 ×× 奶茶很好，您觉得呢	结合您的使用感受，您觉得 ×× 奶茶如何？请在下方写下您的想法

（3）先封闭后开放。封闭式问题放前面，开放式问题放后面。

（4）先必填后选填。必填问题放前面，选填问题放后面。

（5）控制问题数量。问题数量在 20 个左右，太少达不到效果，太多则被调查者容易放弃。

七、问卷的排版

问卷的问题设计工作基本完成后，接下来便要着手问卷的排版。问卷排版的总体要求是整齐、美观、便于阅读、作答和统计。

八、问卷的测试

知识拓展

问卷设计辅助工具

问卷的初稿设计工作完毕之后，不要急于投入使用，特别是一些大规模的问卷调查，要先组织问卷的测试，如果发现问题，就要及时修改。测试通常选择 20 ～ 100 人，样本数不宜太多，也不要太少。

九、问卷的定稿

问卷的测试工作完成后，确定问卷没有必要再进一步修改，可以定稿。问卷定稿后就可以交付印制，正式投入使用。

十、问卷的评价

问卷的评价实际上是对问卷的设计质量进行总体评估。对问卷进行评价，通常可以采取两种方式：一种方式是在调查工作完成后组织一些被调查者进行事后评价；另一种方式是调查工作与评价工作同步进行，即在调查问卷的结束语部分安排几个反馈题目，例如，"您觉得这份调查表设计得如何？"

案例分析

阅读配套资源中的案例，思考以下问题。

1. 问卷的初稿设计是否符合调研目的？
2. 问卷的问题内容和措辞还有哪些需要进一步修改？
3. 在调查态度和购买动机方面现有问题类型是否恰当？

案例分析

某房地产公司对客户购房装修需求情况的调查问卷

任务3 开展营销调研

营销调研是整个市场营销活动的第一步。做好调研可以为后面的市场营销活动打下一个坚实的基础，整个市场营销活动也就更有针对性，就能准确判断出产品的目标对象，从而找到一个好的定位。

开展有效的营销调研一般需经过如下步骤，如图4-1所示。

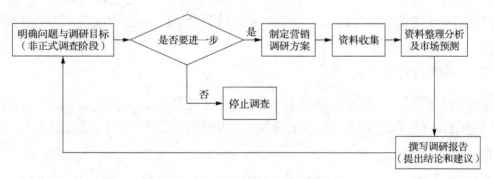

图4-1 营销调研的过程示意图

活动1 明确问题与调研目标

营销策划与决策的各个阶段都需要以准确的市场信息为依据，当企业内部的信息数据不足以支持决策和策划时，就需要开展调研。调研人员首先需要分析问题的环境背景，与决策者讨论需要解决什么问题。界定问题与调研目标是营销调研过程中非常重要的第一步。问题界定不可泛泛，也不宜过于单一。

明确清晰的调研目标是有效调研的前提，在确定要调研的问题之后，管理人员和调研人员应共同确定调研目标。根据企业营销阶段的不同，营销调研的目标主要有以下几种。

（1）进入新的行业或新的市场时，对新行业和新市场的宏观营销环境、消费需求、市场规模以及竞争状态进行调研。

（2）确定进入新行业或新市场的营销策略和竞争策略时，对消费者心理和消费行为、竞争者及营销策略进行调研。

（3）诊断营销策略执行中的问题时，需要对消费者购买行为及满意度进行调研。

（4）总结营销绩效时，需要在执行营销策略之后，对市场规模、竞争状态及消费者认知度等进行调研。

👤 活动2 制定营销调研方案

一个完整的营销调研方案一般包括以下几部分。

一、前言

前言部分应简明扼要地介绍整个调研项目的背景及调研原因等。

二、调研的目标和意义

调研的目标和意义部分应详细地介绍调研项目的背景、主题及备用决策，并说明该项目的调研结果能给企业带来的决策价值、经济效益、社会效益以及在理论上的重大价值。

三、调研的内容和对象

调研的内容和对象部分应说明调研项目的主要内容，规定必需的信息资料，列出主要的调研问题和相关的理论假设，明确界定调研的对象和范围。

四、调研方法

调研方法部分应说明所采用调研方法的主要特征、抽样方案的设计步骤和主要内容、所取样本要达到的精度指标、最终数据采集的方法和调研方式、调查问卷的设计方法，以及数据的分析、处理方法等。

五、调研进度和经费预算

调研进度和经费预算都应有一定的弹性，以便应付意外事件。

六、附录

附录部分应列出项目负责人及主要参与者名单，并可简单地介绍团队成员的专长和分工情况，说明抽样方案的技术和细节、调查问卷设计中有关的技术参数等。

活动3 实施营销调研活动

一、调研培训

为保证调研过程的质量，提高调研工作效率，企业需根据调研目标，对调研人员进行相关的业务素养和营销调研技能培训。

调研人员素质要求如下：认真负责、热情大方，具有良好的沟通能力与技巧；具有良好的心理素质和灵活的应变能力；在调查中能有的放矢。

二、调研的实施

在实施调研的过程中，调研人员应注意把握好以下调查访问的环节。

（1）进入调查访问状态。选择恰当的调查访问时间，掌握自我介绍、应对拒访的技巧等。

（2）理想的调查访问应在没有第三者的情况下进行，调研人员应有控场的技巧。

（3）在调查访问过程中保持中立的态度。

（4）恰当地提问和追问。

（5）及时记录。

（6）结束调查访问。

（7）保密。

活动4 整理与分析资料

在调研资料的统计分析过程中，调研人员应将第一、二手资料结合起来进行检查、统计、制表、分析，从而得出调研结论。

（1）检查。对收集到的原始资料进行检查，去掉无效资料，保留有效资料。

（2）统计。将有效的原始资料进行数据统计。调研规模不同，所使用的统计工具也不同。调研规模小、资料少时，采用人工统计；调研规模大、资料较多时，采用计算机进行统计。

（3）制表。调研人员对有效的原始数据进行初步统计后，一般要将其制成图表等直观形式，以便分析研究。

（4）分析。对资料进行具体分析，注意使用合适的分析方法、分析指标等，一般采用定量分析法和定性分析法相结合的方法。

定量分析法就是对社会现象的数量特征、数量关系与数量变化进行分析的方法。定性分析法是主要依靠预测人员的丰富实践经验以及主观的判断和分析能力，推断出事物的性质和发展趋势的分析方法，属于预测分析的一种基本方法。

活动5 撰写调研报告

一、调研报告的含义

调研报告是调研活动的结论和建议的书面报告。撰写调研报告是营销调研的最后一个步骤。调研人员在调研信息分析结束后，要准确得出调研结果，明确提出调研结论，并认真撰写调研报告。

二、营销调研报告的构成

1．封面

封面上应注明调研报告的标题、调研企业的名称、调研执行单位（或人名）、执行时间及报告日期。

2．目录

将调研报告的主要内容编成目录，以便于查阅和浏览。

3．概述

概述部分要说明调研的目标和意义，并介绍调研工作的概况，包括调研的时间、地点、内容和对象以及采用的调查方法、方式。为了增加调研报告的可读性，可以先引出调研结果或者直接提出调研的问题。

4．正文

正文部分应详细介绍市场调研的内容，如调研的对象、方法、程序及结论等。正文的大部分内容是数据和图表、数据解释与分析。需要注意的是数据要精确，语言要准确，结构要严谨，推理要有逻辑。正文最后，要根据调研数据得出调研结论，并结合现实情况提出一些营销建议。

此外，正文中还要交代调研存在的不足，并分析不足之处对调研报告准确度的影响，以提高调研报告的可信度。

5．附录

附录的内容一般是有关调研的统计图表、有关材料的出处、参考文献等。

三、营销调研报告的内容

营销调研报告的内容可以归纳为以下8个方面。

（1）说明调研目标及所要解决的问题。

（2）介绍市场背景资料。

（3）说明分析的方法，如样本的抽取方法，资料的收集、整理、分析技术等。

（4）调研数据及其分析。

（5）提出论点，即摆出自己的观点和看法。

（6）论证所提的论点。

（7）提出解决问题可供选择的建议、方案和步骤。

（8）预测可能遇到的风险、对策。

项目实施

一、设计调查问卷

实训目的：

能够根据调研目标，科学地设计调查问卷。

实训内容：

经过前期的分析，小张觉得奶茶加盟店项目处于行业成长期，市场需求潜力大，鲜奶果茶、中式奶茶受到年轻人的喜爱，计划开展当地奶茶市场的前期调研。请同学们根据调研的目标，目确调研的内容，选定恰当的调研方法，并完成表4-2。

表4-2　调研目标、内容、方法

调研目标	调研内容	调研方法

各项目团队根据奶茶市场调研中确定的课题，设计一份调查问卷。

要求：不少于15个问题，由易到难；开放式、封闭式、混合型问题齐全；问答题、两项选择题、多选选择题、顺位式问题等题型齐全。

问卷的基本结构如下：标题、卷首语、指导语、正文、结束语。

实训步骤：

（1）各团队成员根据分工，收集相关资料。

（2）设计问卷内容、对问卷进行排版。

（3）测试问卷，及时发现问卷中隐藏的问题，对问卷进行修改与完善。

（4）完成问卷的定稿与评价。

实训考核：

（1）考核问卷设计的质量，从可行性、结构完整性等方面进行考核（占70%）。

（2）考核个人在实训过程中的表现（占30%）。

二、制定营销调研方案

实训目的：

（1）理解营销调研的基础知识。

（2）初步培养营销调研策划能力。

实训内容：

根据本项目情境导入中的要求，帮助小张制定一个营销调研方案。

实训步骤：

（1）明确实训任务，分析目标课题。各项目团队选定自己的调研课题，对课题进行分析并完成表4-3。

表4-3　调研主题、目标、对象

项目	内容
调研主题	
调研目标	
调查对象	

（2）制定营销调研方案，完成表4-4。

表4-4　营销调研方案

标题	内容
课题名称	
调研人员	
调研周期	
调研内容	
调研方法	
抽样方案	
经费预算	
效果评估	

（3）实施营销调研活动。实施调研过程中各团队成员注意合理分工、恰当安排调研时间。

（4）整理与分析资料。对营销调研的问卷、访谈得到的原始资料及二手资料进行整理与分析，并完成表4-5。

表4-5　调研资料分析

标题	内容
课题名称	
调研对象	

续表

标题	内容
完成质量	
平均年龄	
平均受教育程度	
完成百分比	

（5）编写调研报告。各项目团队根据调研所收集到的信息编写调研报告，内容需深入、全面，避免空泛。

实训考核：

（1）考核调研方案的质量，从可行性、完整性等方面进行考核（占70%）。

（2）考核个人在实训过程中的表现（占30%）。

项目总结

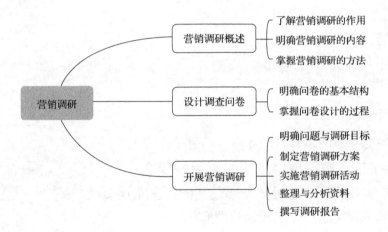

习题

一、选择题

1. 营销调研的最基本的方法是（　　）。

　　A. 观察法　　　B. 询问法　　　C. 实验法　　　D. 文献调查法

2. 问卷的核心部分是（　　）。

　　A. 封面　　　B. 标题　　　C. 正文　　　D. 卷首语

3. 下列调查问卷中的问题最恰当的是（　　　）。

   A. 这种酱油很润口吧？

   B. 最近两个月你从这家电器商店购买了哪些家电产品？

   C. 请问你每天看杂志的平均时间为多少分钟？

   D. 你的受教育程度是（　　）。（1）小学　（2）中学　（3）大学
      （4）大学以上

4. 确定问题的顺序应注意（　　　）。

   A. 问题的安排应具有逻辑性，先问有没有，再问程度

   B. 问题的安排要先难后易

   C. 先开放后封闭

   D. 先选填后必填

二、名词解释

营销调研　网上调查法　调查问卷　调研报告

三、简答题

1. 简述营销调研的内容。

2. 简述营销调研的方法。

3. 简述问卷的基本结构。

4. 简述营销调研的过程。

四、案例分析

请阅读配套资源中的案例内容，分析以下问题。

1. 好孩子童车市场销售成功的原因是什么？

2. 结合实例谈谈你对"创意，80%是靠脚走出来的，20%才是策划人的智慧"这句话的理解。

案例分析

"好孩子"婴儿车是如何破局的？

项目 5

目标市场营销战略

情境导入

　　小张加盟的奶茶店经过半年的经营后规模趋于稳定，但是营收一般，并没有达到他的心理预期。小张做过一些奶茶大促活动，活动期间人流量还可以，但是活动结束后人流量又趋于平常。小张咨询了品牌方运营专家后才知道自己不仅没有进行奶茶市场细分，也没有进行市场定位。小张为提升奶茶销量、提高市场占有率，决定采纳品牌方的建议，开始进行市场细分。那么小张该如何进行市场细分？如何结合奶茶店产品的特色有针对性地选择并确定目标市场？如何在区域内进行恰当的市场定位？

学习目标

1. 了解市场细分的标准和程序。
2. 掌握目标市场选择策略。
3. 理解市场定位的策略和步骤。
4. 能根据企业的实际情况，进行科学的市场细分。
5. 能根据不同的市场需求，选择相应的目标市场营销战略。
6. 能进行初步的市场定位策划。
7. 培养创新能力、团队协作精神。
8. 培养目标市场营销策划能力。

任务1　进行市场细分

市场细分的本质是帮助企业重构原有市场，或者找到新市场和增长的发力点。如果不进行市场细分，企业就无法聚焦到精准的消费群体，提供的产品和服务就与竞争对手没有区别，后来者根本就没有机会立足。所以，企业需要选择对自己有利的市场。

👤 活动1　明确市场细分的依据

一、市场细分的概念

市场细分的概念是营销学家温德尔·史密斯在 1956 年最早提出的。市场细分是根据消费需求的差异，把整体市场划分为若干个具有共同特征的子市场或分市场的过程，也就是以消费需求的某些特征或变量为标准，区分具有不同需求的消费群体的过程。市场细分后，各子市场之间的需求具有明显的差异，但子市场内部，消费需求具有较高的同质性。

理解市场细分的概念需要注意以下几点。

（1）市场细分的依据是消费需求的差异，市场细分就是"同中求异，异中求同"地划分消费群体的过程。

（2）市场细分的过程就是把整体市场分割成两个或两个以上的子市场，每个子市场都是由需求相同或相似的消费者组成的。

（3）市场细分实质是一个"聚"的过程而不是一个"分"的过程，是把需求相对一致的消费者聚集在一起的过程。

小讨论

"小说旅馆"生意兴隆

有一家名叫西尔维亚·奇的小旅馆，它共有20间客房，每个房间的设计都以一位世界著名的作家为主题。旅客通过房间中的摆设联想到不同作家名作品的精辟句子和情节，从而引起一连串遐想。这家"小说旅馆"吸引了众多爱好读书的游客，生意十分兴隆。

试分析"小说旅馆"生意兴隆的原因。

二、市场细分的标准

1．消费者市场细分标准

消费需求的差异是消费者市场细分的基本标准，而影响消费需求的因素有多种。消费者市场细分的标准及变量如表5-1所示。

表5-1　消费者市场细分的标准及变量

细分标准	细分变量
地理因素	地理区域、气候、城市大小、交通状况、人口密度等
人口因素	性别、年龄、收入、职业、教育、家庭、信仰、家庭生命周期等
心理因素	社会阶层、生活方式、性格、购买动机、个性等
行为因素	购买时机、追求利益、使用者状况、使用数量、品牌忠诚度等

表中提及的标准及所含变量是一般企业常用的市场细分标准及变量，但这并不意味着其适用于任何产品的营销活动，也不表示所有的市场细分只限于以上的标准及变量。在实际营销过程中，企业往往采用多标准、多变量的组合来进行市场细分。

学以致用

从奶茶的口味、制作方式、原材料等方面，选择奶茶市场细分的标准及变量。

2．生产者市场细分标准

对生产者市场细分，除了不考虑心理因素外，同样可以使用消费者市场细分的标准，只是细分市场的变量因素具有更多、更复杂的特点。生产者市场可以按以下3个标准来细分。

（1）用户的要求。用户的要求是生产资料市场细分最常用的标准。不同的用户对同一产品有不同的需求。因此，企业应针对不同用户的需求，提供不同的产品，设计不同的市场营销组合策略，以满足用户的不同要求。

（2）用户的地理位置。用户的地理位置对于企业合理地组织销售力量，选择适当的分销渠道以及有效地安排货物运输影响很大，而且不同地区的用户对生产资料的要求各有不同。

（3）用户的规模和购买力。由于用户的规模不同，购买力的高低也存在差异，因此用户的购买行为存在很大差别。一般来讲，用户规模大，购买力高，则每次购买的数量较多，购买周期较长，购买的品种也较为稳定。一些大用户的采购量有时可以占到供应量的 70% ～ 80%，而小用户的零星购买又必须保证。因此，企业必须从用户的规模及购买力等角度进一步细分生产者市场，采取不同的营销方法，以充分满足用户的要求，保持并不断扩大销售市场。

> **案例分析**
>
> 请阅读配套资源中的案例资料，分析以下问题。
>
> 1. 宝洁公司洗发水产品的市场细分依据是什么？
> 2. 宝洁公司是如何进行市场细分的？

案例分析

保洁公司细分
市场研究

活动2　了解大数据时代的精准细分：用户画像

用户画像是帮助企业准确识别和分析目标用户的有效工具，能够根据用户的基本属性、生活习惯和消费行为等信息抽象出一个标签化的用户模型。其核心工作就是给用户打标签，标签通常是人为规定的精练的特征标识，每个标签分别描述了该用户的一个维度，各个维度相互联系，共同构成对用户的整体描述，由这些标签集合能抽象出一个用户的信息全貌。为用户画像后便可为其贴上"标签"，然后用"标签"对用户进行分类。用户画像为企业提供了足够的信息基础，能够帮助企业快速找到精准的用户群体、用户需求等更为广泛的反馈信息。

用户画像通过各个维度对用户或者产品特征属性的刻画，对这些特征进行分析、统计，挖掘潜在价值信息，一般需要经过以下 3 个步骤。

（1）数据收集。通过问卷调查、后台数据、行业报告分析等方式进行初步的信息收集，通过观察、访谈沟通等方式进一步细化数据。

（2）提取用户行为。实际的用户画像构建过程中，无法用一个画像代表所有目标用户，因此需要将用户根据行业标准进行分类，细化设置多个画像。需要注意的是，如果出现无法归类的情况，那就需要增加类别或重新划分。

（3）数据建模与产品应用。用户画像所需要的资料和基础数据收集完毕后，对这些资料进行分析、加工，提炼关键要素，构建可视化模型。根据用户测试行为进行反馈优化后，跟踪优化成效，在后续的设计、传播、服务等方面促进画像的使用，验证效果并迭代升级。

📝 学以致用

奶茶市场竞争激烈，奶茶店必须紧跟潮流，准确地识别和分析目标用户，对加盟的奶茶店进行用户画像，这样才能实行精准营销。

👥 活动3　进行有效的市场细分

一、有效市场细分的条件

（1）可衡量。各个细分市场的购买力和规模必须能被衡量。如果细分变量很难衡量，就无法界定市场。

（2）可赢利。所选定的细分市场容量足以使企业获利。

（3）可进入。所选定的细分市场必须与企业自身状况相匹配，企业有优势占领这一市场。可进入具体表现在信息可进入、产品可进入和竞争可进入。

（4）差异性。细分市场在观念上能被区别并对不同的营销组合因素和方案有不同的反应。

（5）相对稳定。细分后的市场能否在一定时间内保持相对稳定，直接关系到企业生产经营的稳定。

二、市场细分的程序

1．确定产品市场范围

企业根据自身的经营条件和经营能力确定进入市场的范围，如进入什么行业，生产什么产品，提供什么服务。

2．列举潜在顾客的基本需求

根据细分标准，比较全面地列出潜在顾客的基本需求，作为以后深入研究的基本资料和依据。

3．分析潜在顾客的不同需求，初步划分市场

企业通过抽样调查进一步搜集有关市场信息与顾客背景资料，将所列

出的各种需求初步划分出一些差异最大的细分市场，至少从中选出 3 个细分市场。

4．筛选

企业根据有效市场细分的条件，对所有细分市场进行分析研究，剔除不符合要求、无用的细分市场。

5．为细分市场定名

为便于操作，企业可结合各细分市场上顾客的特点，用形象化、直观化的方法为细分市场定名。

6．复核

企业进一步对细分后选择的市场进行调查研究，充分认识各细分市场的特点以及本企业所开发的细分市场的规模、潜在需求，明确还需要对哪些特点进行分析研究。

7．测量各细分市场规模，选定目标市场

企业在各子市场中选择与本企业经营优势和特色相一致的子市场，作为目标市场。没有这一步，就没有达到细分市场的目的。

经过以上 7 个步骤，企业便完成了市场细分的工作，就可以根据自身的实际情况确定目标市场并采取相应的目标市场策略。

任务2 选择目标市场

👤 活动1 明确选择目标市场的条件

一、目标市场的含义

目标市场是企业打算进入的细分市场或者打算满足的消费群体。企业进行市场细分的目的是对目标市场进行选择。因为并不是每个市场都值得进入，企业必须先对细分的各个市场进行评估，在分析判断的基础上，决定和选择最有利于企业发展的细分市场作为目标市场。

二、目标市场应具备的条件

1．市场上有一定数量的潜在需求

这是企业选择目标市场的首要条件。企业满足消费者的需求，通常不仅是现实需求，更重要的是潜在需求。因为只有具备一定潜在需求的市场才可能满足企业长期获利的要求。

2．市场必须具有一定的购买力

这是企业选择目标市场的重要条件之一。没有一定的购买力就不可能构成一个现实市场，就无法维持企业的正常运转。没有现金流支撑的企业是不可能长久存在的。

3．符合企业的目标和能力

企业应该从自身的优势和发展的长远目标出发，选择具备竞争优势、能为消费者提供超值产品或服务的细分市场，实现市场和企业资源的有效匹配。

三、目标市场覆盖模式

1．产品与市场集中模式

产品与市场集中模式指企业在众多的细分市场中只选择一个作为营销的目标市场进行开拓。例如，某汽车公司只生产吉普车，它的市场只是对吉普车有兴趣的消费者，这往往是中小企业的首选模式。

2．产品专业化模式

产品专业化模式指企业用同一类产品服务于各种不同的消费群体，即企业把整个市场不加区分地作为自己的目标市场，试图运用一种营销组合方式来争取和满足市场上大多数消费者的共同需求。

3．市场专业化模式

市场专业化模式指企业向同一市场提供各种产品或服务，以满足该市场消费群体的需求。例如，某服装企业为所有的中年女性提供各种产品，包括衣服、裤子、套装、鞋、皮包等。

4．选择专业化模式

选择专业化模式指企业从所有细分市场中选择若干个有吸引力的、符合企业自身实力及目标的细分市场，并生产、提供不同种类的产品，服务于上述不同类型的市场。例如，某服装企业生产不同种类的裤子服务于不同性别、年龄、阶层的消费者。

5．完全市场模式

完全市场模式指企业为满足所有细分市场的消费需求生产各种产品。真正能够满足所有细分市场需求的企业几乎是不存在的，因为这需要大量的资源支持并且在成本上是不合算的，但在某些领域的特殊条件下和特定的时间内，这样的模式也是存在的，例如，微软在相当长的时间内几乎垄断了应用软件的生产和销售。但这毕竟只是极个别的现象，而且只有大型企业才有能力选择完全市场模式。

学以致用

选择一个全国知名的牛奶品牌，试分析该品牌企业的产品如何进行市场细分，其目标市场有哪些？

活动2　掌握目标市场选择策略

一、目标市场营销策略

1．无差异目标市场营销策略

所谓无差异目标市场营销策略，是指将整体市场作为企业的目标市场，推出一种产品，实施一种营销组合，以满足整体市场的某种共同需要。

该策略的优点是节约资金。

缺点是不能适应买方市场复杂多变的消费需求，一旦采用这种策略的企业过多，整体市场的竞争会日趋激烈，就会给企业带来风险。

2．差异目标市场营销策略

所谓差异目标市场营销策略，是指企业根据各个细分市场中消费需求的差异，设计生产目标消费者需要的多种产品，并明确相应的营销策略，以满足不同消费者的需要。差异目标市场营销策略主要包括产品差异化和服务差异化两种。

（1）产品差异化。产品差异化是指产品的特征、功能、耐用性、式样和设计等方面的差异。也就是说，某一企业生产的产品，在质量、功能上明显优于同类产品，从而形成独自的市场。企业实施产品差异化营销可以从两个方面着手。

一是特征。产品特征是指产品自身构造所形成的特色，一般指产品的外形、质量、功能、商标和包装等，它能反映产品对消费者的吸引力。企业通过增加新的特征来推出新产品。例如，农夫山泉的"有点甜"、康师傅的"每日 C 果汁"、汇源果汁的"真鲜橙"，这些特点在消费者心目中都留下了很深的印象。产品特征是企业实现产品差异化极具竞争力的工具之一。

二是式样。式样是指产品给予消费者的视觉效果和感受。例如，海尔冰箱的款式有欧洲、亚洲和美洲 3 种不同风格。欧洲风格以严谨为主，用方门、白色来体现；亚洲风格以淡雅为主，用圆弧门、圆角门、彩色花纹、钢板来体现；美洲风格则突出华贵，以宽体流线造型体现。

（2）服务差异化。服务差异化是指企业向目标市场提供与竞争者不同的优异的服务。尤其在难以突出有形产品的差别时，竞争成功的关键常常取决于服务的数量与质量。区别服务水平的主要因素有送货、安装、培训、咨询、维修等。售前售后服务差异就成了对手之间的竞争利器。例如，同是销售电热水器，海尔集团实行24小时全程服务，售前售后一整套优质服务让每一位消费者心情愉悦。

3．集中目标市场营销策略

所谓集中目标市场营销策略，是指以一个或少数几个细分市场或一个细分市场中的一部分作为目标市场，集中企业营销力量，为该市场开发一种理想的产品，实行专门化的生产和销售。

该策略的优点是营销对象集中，企业能充分发挥优势，深入了解市场需求变化，降低成本，提高盈利水平。对于绝大多数中小企业而言，这是最现实和最有效的市场营销策略，具体体现为产业集中、环节集中、地域集中。该策略的缺点是风险过于集中，当目标市场情况发生变化时，企业容易陷入困境。

二、影响选择目标市场策略的因素

1．企业能力

企业能力指企业在生产、技术、销售、管理、人力资源以及公关等各方面力量的总和。如果企业力量雄厚，市场营销管理能力较强，可选择差异目标市场营销策略或无差异目标市场营销策略。如果企业力量有限，则宜选择集中目标市场营销策略。

2．产品的同质性

产品的同质性主要表现在一些未经加工的初级产品上，虽然产品在品质上或多或少存在差异，但消费者一般不加以区分或难以区分。因此，同质性产品竞争主要表现在价格和提供的服务上，该类产品宜采用无差异目标市场营销策略。如果产品的质量特性因制造者的不同而有很大差别，而消费者选购时主要以产品特性的差异作为根据，如服装、家用电器、汽车等，宜采用差异目标市场营销策略或集中目标市场营销策略。

3．产品所处的生命周期阶段

新产品上市往往以较单一的产品探测市场需求，产品的价格和销售渠道基本上单一化。因此，新产品在进入市场时可采用无差异目标市场营销策略。而待产品进入成长期或成熟期，市场竞争加剧，同类产品增加，继续使用无差异目标市场营销策略就难以奏效，所以，成长期改为差异目标市场或集中目标市场营销策略较好。

4. 市场的同质性

如果消费者的需求、偏好较为接近，对市场营销刺激的反应差异不大，则企业可采用无差异目标市场营销策略，否则，应采用差异目标市场或集中目标市场营销策略。

5. 竞争者的营销策略

如果竞争者采用无差异目标市场营销策略，那么企业宜采用差异目标市场或集中目标市场营销策略，这样有助于开拓市场，提高产品竞争力。如果竞争者已采用差异目标市场营销策略，则不应以无差异目标市场营销策略与其竞争，可以选择对等的、更深层次的差异或集中目标市场营销策略。

案例分析

请阅读配套资源中的案例资料，分析为什么要重视小众市场。

案例分析

进军小众市场，领跑比赚钱更重要

任务3 明确市场定位

活动1 了解市场定位的含义及作用

一、市场定位的含义

企业根据目标市场上同类产品的竞争状况，针对消费者对该类产品某些特征或属性的重视程度，为本企业产品塑造强有力的、与众不同的鲜明个性，并将其形象生动地传递给消费者，求得消费者认同。

市场定位策划是一个系统工程，主要包括产品定位策划、企业定位策划、品牌定位策划、广告定位策划4个方面。

二、市场定位的作用

市场定位的作用主要有两个方面：一，市场定位是参与现代市场竞争的有力武器，有利于建立企业及产品的市场特色；二，市场定位决策是企业制定市场营销组合策略的基础。

案例分析

　　元气森林是知名的健康饮品品牌，主打健康和天然的定位，不添加人工色素、防腐剂和高糖分，符合现代年轻消费者对健康和天然食品的追求。包装设计上，元气森林采用时尚、活力和青春的包装设计，注重与年轻消费者的沟通和互动，以吸引他们对健康饮品的兴趣。营销方面，元气森林主打网店销售，且经常与知名艺人、"网红"等合作，增加品牌知名度，吸引更多年轻人关注。

　　结合案例，描述元气森林的产品特点和定位目标，并分析元气森林在竞争激烈的饮品市场中是如何找准差异化竞争优势的。

活动2　明确市场定位战略与策略

一、市场定位战略

　　市场定位战略选择就是选择与竞争者有所不同的产品或服务，突出自己的竞争优势，抓住消费者的心智。市场定位战略的关键是找出消费者心理上的坐标位置，而不是空间位置。市场定位战略不是对产品本身做实质的改变，而是对市场的发现。选择市场定位战略，要做好以下3个方面的工作。

　　1. 确立产品的特色

　　市场定位的出发点和根本要素是确定产品的特色。企业需要了解市场上竞争者的定位如何，竞争者提供的产品或服务有什么特点；了解消费者对某类产品各属性的重视程度；考虑企业自身的条件。有些产品属性虽然是消费者比较重视的，但如果企业力所不及，就不能成为企业市场定位的目标。

　　2. 树立市场形象

　　企业要以产品特色为基础树立鲜明的市场形象，积极主动而又巧妙地与消费者沟通，引起消费者的注意与兴趣，到达消费者的心里。

　　3. 巩固市场形象

　　消费者对企业的认识不是一成不变的。竞争者的干扰或沟通不畅会导致市场形象模糊，消费者对企业的理解就会出现偏差，态度就会发生转变。所以建立市场形象后，企业还应不断地向消费者提供新的论据和观点，及时矫正与市场定位不一致的行为，巩固市场形象，改善、维持和强化消费者对企业的看法和认识。

案例分析

王老吉、五谷道场的市场定位

二、市场定位策略

　　选择市场定位策略应首先明确3个问题：目标消费者是谁？产品或服务的

差异点是什么？竞争者是谁？

根据上述问题，常用的市场定位策略有如下 7 种。

1．属性定位

产品属性包括制造该产品时采用的原料、技术、设备及该产品的功能、产地、历史等因素。属性定位即根据产品这些特定的属性来定位，如贵州茅台、西湖龙井等产品就是按产地及相关因素定位。当企业的某种或几种属性是竞争对手的产品所不具备的时，企业应强调这些属性。

2．利益定位

利益包括消费者购买产品时追求的利益和购买产品所获得的附加利益。利益定位就是根据产品所能满足的需求或所提供的利益、解决问题的程度来定位。例如，小天鹅集团做出的"终身保修"的承诺，就是按产品提供的利益来定位的。

3．功能定位

功能定位的实质是突出产品的效用，一般表现在突出产品的特别功效与良好品质上。产品功能是整体产品的核心部分，事实上，产品之所以为消费者所接受，主要是因为它具有一定的功能，能给消费者带来某种利益，满足消费者某些方面的需求。如果产品具有与众不同的功能，那么该产品品牌即具有明显的差异优势。

4．使用者定位

使用者定位是将产品指向某类特定的使用者来定位，根据这些使用者的看法塑造恰当的形象。例如，广东客家酒公司生产的"客家娘酒"，定位为"女人自己的酒"，突出这一特性，对女性消费者就很具有吸引力，在女性消费者的心目中留下深刻的印象。

5．情感定位

情感是维系品牌忠诚的纽带，它能激起消费者的联想和共鸣。情感定位就是利用品牌带给消费者的情感体验而进行定位。海尔以"真诚到永远"作为激发消费者情感的触点，博得消费者青睐；纳爱斯雕牌洗衣粉"……妈妈，我能帮您干活啦"的真情流露引发消费者的内心感触，纳爱斯雕牌更加深入人心。

6．高级俱乐部定位

该定位强调企业是某个具有良好声誉的小集团成员之一。当品牌不能拥有行业第一和某种有价值的独特属性时，将自己划归这一"高级俱乐部"，不失为一种定位良策。TCL 电子打出"国产电视三大名牌之一"，一下子就进入消费者的视野。

7. 文化定位

品牌的内涵是文化，具有良好底蕴的品牌具有独特的魅力，能给消费者带来精神上的满足和享受。文化定位就是突出品牌的内涵，形成品牌的差异。文化定位可以凸显品牌的文化价值，进而转化为品牌价值，把文化财富转化为差异化的竞争优势，使产品在激烈的市场竞争中保持强大的生命力。品牌文化一旦与消费者内心认同的文化和价值产生共鸣，它所释放的能量就非常可观，它最终将转化为品牌巨大的附加值并由此给企业带来更大的利润。

 小讨论

1. 你目前消费的饮料主要是哪几个品牌？你认为目前人们对饮料的主要需求是什么？目前市场上的各大饮料品牌的产品定位如何？

2. 奶茶店预推出新口味的果茶饮料，根据以上分析，为新产品进行新的目标市场选择，并进行市场定位。

活动3　掌握市场定位的步骤

一、确认潜在的竞争优势

市场定位的第一步是通过分析目标市场的现状，确认潜在的竞争优势。具体来说，企业需要考虑以下3个问题。

（1）竞争对手的产品定位如何？

（2）目标市场上消费者欲望满足程度如何？消费者还需要什么？

（3）针对竞争者的市场定位和潜在消费者真正需要，企业应该做什么？

通过回答上述问题，企业可以从中把握和确定自己的潜在竞争优势。

二、准确选择竞争优势

竞争优势表明企业能够战胜竞争者的能力。选择竞争优势实际上就是一个企业与竞争者各方面相比较的过程。通常的方法是分析、比较企业与竞争者在经营管理、技术开发、采购、生产、市场营销、财务和产品7个方面究竟哪些是强项，哪些是弱项。借此选出最适合本企业的优势项目，以初步确定企业在目标市场上所处的位置。

三、显示独特的竞争优势

企业要通过一系列的宣传促销活动，将其独特的竞争优势准确地传播给潜在消费者，并在消费者心目中留下深刻印象。

（1）企业应使目标消费者了解、知道、熟悉、认同、喜欢和偏爱本企业的市场定位，在消费者心目中建立与该定位相一致的形象。

（2）企业通过各种努力强化目标消费者的印象，保持目标消费者对企业的了解，稳定目标消费者的态度和加深目标消费者的感情，从而巩固与市场相一致的形象。

（3）企业应注意目标消费者对市场定位理解出现的偏差以及由于企业市场定位宣传上的失误而造成的目标消费者模糊、混乱和误会，及时纠正与市场定位不一致的形象。

四、重新定位

企业的产品在市场上定位即使很恰当，但在下列情况下，也应考虑重新定位。

（1）竞争者推出的新产品定位于本企业产品附近，侵占了本企业产品的部分市场，使本企业产品的市场占有率下降。

（2）消费者的需求或偏好发生了变化，使本企业产品的销量骤减。

项目实施

一、制定市场细分方案

实训目的：

（1）从实践层面进一步加深对细分市场的理解。

（2）培养正确选择市场细分变量的能力。

实训内容：

对加盟的奶茶店（从系列产品中选取一种代表产品市场）进行市场细分。根据所学知识结合消费者对该产品的需求及行业发展现状，选择合理的细分变量，对该产品的市场进行细分。

实训步骤：

（1）根据本店的消费群体，以组为单位讨论选择合理的市场细分标准。

（2）识别不同的潜在市场，概括细分市场的轮廓，描述每个潜在市场。团队协作，制定方案。

（3）各团队成果展示。

实训考核：

（1）考核各市场细分方案，要求能够具体阐述本团队方案理念，能够正确选择与产品属性相符合的市场细分变量（占70%）。

（2）考核个人在实训过程中的表现（占30%）。

二、制定目标市场营销策略

实训目的：

（1）从实践层面进一步加深对目标市场营销策略的理解。

（2）培养制定目标市场营销策略的能力。

实训内容：

各项目团队根据上一实训任务，针对细分出的市场，结合企业的营销目标、自身现状，选取目标市场，并制定相应的目标市场营销策略。

实训步骤：

（1）针对目标市场应具备的条件，选取准备进入的目标市场。

（2）针对目标市场现状，制定目标市场营销策略。

实训考核：

（1）考核选取的目标市场是否能充分发挥企业的优势，是否能够实现企业的营销目标，制定的目标市场营销策略是否得当（占70%）。

（2）考核个人在实训过程中的表现（占30%）。

三、市场定位

实训目的：

（1）从实践层面进一步加深对市场定位的理解。

（2）培养正确选择市场定位战略与策略的能力。

实训内容：

各项目团队根据上一实训任务，结合企业的营销目标、自身现状，进行恰当的市场定位。

实训步骤：

（1）针对选定的目标市场确定市场定位战略。

（2）针对目标市场现状，确定市场定位策略。

实训考核：

（1）考核选取的市场定位战略是否能充分发挥企业的优势，是否能够达到企业的营销目标，市场定位策略是否得当（占70%）。

（2）考核个人在实训过程中的表现（占30%）。

四、校园超市定位策划

实训目的：

（1）锻炼市场调研能力、目标市场营销策划能力。

（2）能进行市场细分与定位方案的设计。

实训内容：

请从营销定位策划的角度给校园超市进行定位并确定定位策略。

根据前期的市场分析明确以下几个问题。

（1）校园超市有哪几类消费群体？这些消费群体有哪些消费需求？

（2）选择哪类或哪几类人群作为目标消费者？

（3）对目标消费者提供怎样的产品或服务？

实训步骤：

（1）对校园超市进行市场分析和 SWOT 分析。

① 确认细分变量。

② 采集消费者数据。

③ 数据挖掘和消费者聚类。

④ 描述细分市场。

⑤ 选定细分市场。

（2）设计目标市场进入策略和市场定位方案。

（3）撰写市场定位策划书。

实训考核：

考核市场定位策划书，从策划书的格式、方案创意、可行完整等方面进行考核（占 70%）；考核个人在实训过程中的表现（占 30%）。

项目总结

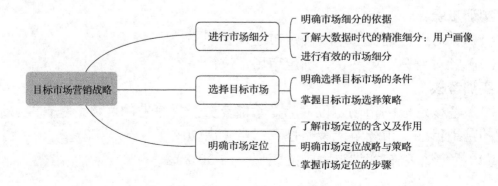

习题

一、名词解释

市场细分 目标市场 市场定位

二、简答题

1. 简述消费者市场细分标准。
2. 简述有效市场细分的条件。
3. 简述市场细分的程序。
4. 目标市场营销策略有哪几种类型？
5. 影响选择目标市场策略的因素有哪些？
6. 市场定位策略有哪些？

三、案例分析

李宁是著名的运动品牌，其产品涉足多个运动领域，包括篮球、羽毛球、足球、田径等。针对不同运动领域的需求，李宁开发了高性能的专业运动鞋和服装，以满足运动员和运动爱好者的特定需求。不仅仅是专业市场，李宁在大众市场也占据了一席之地。在国内市场开拓时，李宁将重点放在二三线城市。这些地区的运动市场潜力巨大，且竞争相对较少。通过在这些地区开设专卖店和体验店，李宁以亲民的价格和广泛的产品线受到消费者的欢迎。

试分析李宁是如何进行市场细分，选定目标市场，成功进行市场定位的？谈谈此案例给我们的启示。

项目6

市场竞争战略

情
境
导
入

　　小张在加盟的奶茶店步入正轨后本想大展宏图，扩大规模，令他意想不到的是，仅仅三个月的时间，步行街上就陆陆续续多了好几家新开的奶茶店。随着奶茶店数量的增加，自己店铺的人流量也日趋减少。小张认为这可能是因为自己奶茶店的竞争力不足，但他又不知道该如何分析店铺的竞争力。小张通过查阅资料得知，目前比较流行的竞争力分析方法是波特五力分析模型，他可以用这种方法了解自己奶茶店的竞争力。当然，分析完之后，他还要以此为基础制定市场竞争战略。那么小张该如何用波特五力分析模型分析奶茶店的竞争情况，又将采取哪些有效的竞争战略？

学习目标

1．掌握波特五力分析模型的分析方法。
2．明确竞争者分类。
3．掌握基本竞争战略的内容。
4．深刻认识基于不同市场地位的企业所采取的战略措施。
5．能运用波特五力分析模型研究某一企业的竞争态势。
6．能基于市场地位判断企业可采取的战略类型。
7．培养辩证思维方式，从整体的角度看待和分析问题。
8．培养良好的竞争意识，倡导良性竞争。

任务1 市场竞争者分析

小米董事长雷军曾言："行业霸主总有衰老的一天，但它们会因什么、会在何时衰落，这就是创业的机会。"可见，把握竞争者的动向与策略是企业赢得市场机遇的重要一环。企业想在市场中赢得发展，需要熟悉其他市场竞争者，并对其进行分析，了解它们是谁，目标是什么，优势和弱势是什么，策略是什么等。

活动1 波特五力分析模型

20 世纪 80 年代初，迈克尔·波特提出了波特五力分析模型，这五种力量分别为同行业竞争者的竞争能力、潜在竞争者进入的能力、替代品的替代能力、供应商的议价能力与购买者的议价能力，如图 6-1 所示。这五种力量是决定竞争规模和程度的关键，并可以综合影响产业的吸引力以及现有企业的竞争战略决策。

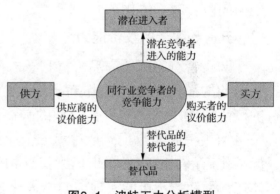

图6-1 波特五力分析模型

一、同行业竞争者的竞争能力

同处一个行业中时，各个企业间的利益往往联系紧密，每个企业都试图在与其他企业的竞争中获取更大的优势。在获取优势的过程中，一方的利益增加，就意味着其他企业的利益变动，这必然会引起冲突与对抗现象，进而构成了同行业企业间的竞争。同行业竞争者的竞争能力往往表现在价格、宣传、产品、售后、服务质量等方面。

二、潜在竞争者进入的能力

潜在竞争者是激发现有企业活力、带来新生产能力的关键，其一旦进入市场，将改变现有的市场格局，并与现有企业竞争原材料与市场份额，致使现有行业中企业经营策略发生变化、盈利水平调整、技术革新等，严重的还可能危及现有企业的生存状况。一般来说，潜在竞争者在考虑是否进入某一市场时，会考虑进入新领域的障碍、进入新领域的收益、现有企业的反应状况等因素。

三、替代品的替代能力

两个处于不同行业中的企业可能会由于所生产的产品互为替代品，而产生相互竞争行为，这种源自于替代品的竞争会以各种形式影响行业中现有企业的竞争战略。当替代品的价格越低、质量越高时，替代品在市场中占据的优势越大，竞争力也越强。

四、供应商的议价能力

供应商有着决定提高投入要素（如原材料）价格和降低单位价值质量的能力，以此来影响现有企业产品在市场中的竞争力以及企业的盈利能力。供应商的议价能力取决于多种因素的影响：如供应商的市场地位较为稳固，有着诸多购买者；供应商提供的产品具有较强的不可替代性；供应商可以较为方便地实现前向联合或一体化。

五、购买者的议价能力

购买者有着压低产品价格和要求高质量产品或服务的能力，以此来影响现有企业的盈利能力。购买者的议价能力取决于多种因素的影响：如购买者购买的产品份额占据了卖方销售额的较高比例，且在市场中此产品的购买者较少，一旦购买者放弃购买，会对卖方企业销售额产生较大影响；购买者所需产品为标准化产品，较容易在市场中找到相似的产品供应商；购买者可以实现后向一体化，而卖方不可能实现前向一体化。

 小讨论

同桌之间利用波特五力分析模型讨论颇具特色的黄焖鸡米饭为何能取得成功。

👤 活动2 评估竞争者

一、竞争者分类

在市场经济中，企业往往面临多方的竞争。当企业参与市场竞争时，不仅要了解目标消费者，还要分析竞争者的基本情况。为了方便企业分析竞争者，判断竞争者的行动走向，基于不同角度，我们可以把竞争者划分为以下几种类型。

1. 行业角度

从行业角度出发，企业的竞争者主要有现有厂商、潜在加入者和替代品厂商。

现有厂商：指在某一行业内，与企业生产产品相同的其他企业，这些企业属于直接竞争者。

潜在加入者：当某个细分市场的发展前景较为广阔时，会吸引新的竞争者进入该市场，使该市场格局发生变化，主要资源与市场份额的分配随之调整，这种新的竞争者被称为潜在加入者。

替代品厂商：与某一产品具有相同功能、能满足同一需求的不同性质的其他产品，属于替代品。随着科技的发展，产品的替代品将越来越多，企业将面临与诸多其他行业中生产替代品的企业间直接竞争的局面。

2. 市场角度

从市场角度出发，企业的竞争者主要有品牌竞争者、行业竞争者、需要竞争者和消费竞争者。

品牌竞争者：企业把同一行业中以相似的价格向相同的消费者提供类似产品或服务的其他企业称为品牌竞争者。例如，家用洗衣机市场中，生产海尔洗衣机、小天鹅洗衣机、格力洗衣机的厂家之间互为品牌竞争者。

行业竞争者：企业把提供同种或同类产品，但规格、型号、款式不同的企业称为行业竞争者。处于同一行业的企业之间存在着相互竞争的关系，如高档珠宝厂商与中档珠宝厂商之间互为行业竞争者。

需要竞争者：企业把提供不同种类的产品，但满足和实现消费者同种需要的企业称为需要竞争者。例如，共享自行车与共享电动车都可以满足消费者代步的需要，相互之间存在着满足消费者同一种需要的竞争关系，互为需要竞争者。

消费竞争者：企业提供不同产品，满足消费者的不同愿望，但目标消费者相同的企业称为消费竞争者。例如，随着收入水平的提高，消费者消费的领域会增多，其收入可能用于购置房产，也可能用于旅游出行等，因此这些领域的企业之间也存在着争夺消费者购买力的关系，互为消费竞争者。

3．企业竞争地位角度

从企业竞争地位角度出发，竞争者类型主要有市场领导者、市场挑战者、市场追随者和市场补缺者。

市场领导者指在某一行业的产品市场上占有最大市场份额的企业。例如，可口可乐公司是软饮料市场的领导者，苹果公司是科技电子产品市场的领导者。

市场挑战者指在行业中处于次要地位（第二、三甚至更低地位）但又具备向市场领导者发动全面或局部攻击的企业。例如，百事可乐公司是软饮料市场的挑战者。

市场追随者指在行业中居于次要地位，并安于次要地位，在战略上追随市场领导者的企业。其目标可能仅仅是获取一定的市场份额，在不刺激强大竞争者的同时保护好自身利益。

市场补缺者指在行业中相对较弱小的中小企业，为了赢得生存空间，往往专注于某一细分市场，而这些细分市场一般为大型企业所忽视的部分。

🧑‍💼 案例分析

饮料作为一个万亿级的行业，拥有卓越的市场潜力。在 FoodTalks2022 中国饮料企业 30 强榜单中我们可以看到娃哈哈、康师傅和农夫山泉作为头部企业的厚积薄发、三足鼎立，元气森林以"挑战者姿态"冲击传统格局的锋芒毕露；伊利、蒙牛作为乳制品巨头的前沿布局，椰树、汇源作为传统老牌的执着坚守。在品类方面，无论是像包装饮用水、碳酸饮料这类"大单品"，还是电解质水、即饮茶这类"细分品类"，都呈现出群雄逐鹿的蓬勃生机。

从企业竞争地位角度出发，分析饮料行业的市场竞争情况。谈谈此案例给我们的启示。

二、识别竞争者

市场是动态变化的，因此企业不仅要关注现有市场中的竞争者，还要关注市场中不起眼的竞争者，以及试图进入市场的企业。企业应时刻保持警醒意识，识别企业有哪些现存竞争者以及潜在竞争者。企业可以从产业竞争和市场竞争的角度识别竞争者。

1．产业竞争

从产业竞争角度出发，提供同一类产品或可相互替代产品的企业是处于同一产业的竞争者。提供同一类产品的企业往往产品较为同质化，是在市场中较容易分辨的竞争者。例如，茶叶的价格波动很有可能影响咖啡的需求，因为两者是相互替代的关系。

2. 市场竞争

从市场竞争的角度出发，满足相同市场需要或服务于同一目标市场的企业是相互竞争的关系。例如，生产钢笔的企业服务于有"书写需求"的目标消费者，这种需求同样也可以被铅笔、中性笔等产品来满足，因此生产上述产品的企业会被框定为企业的竞争者。

三、明确竞争者的目标与战略

在分析确定竞争者的身份后，企业需进一步明确竞争者所采取的目标与战略。

1. 竞争者的目标

企业经营往往是多目标并存，但在经营的不同阶段目标侧重点不同，例如有时为市场占有率，有时为技术领先。企业需明确竞争者的目标，合理调整自己的营销策略。

2. 竞争者的战略

竞争优势的建立与竞争战略有着千丝万缕的联系。明确竞争者的战略是确立自身战略的关键。竞争战略越相似的企业，相互间的竞争越激烈。为了便于分析竞争者的战略，企业可根据竞争者所采取的主要战略不同，将竞争者划分为不同的战略群体。例如，在方便食品行业中，康师傅、统一提供中等价格的各种方便食品，因此可将它们划分为统一战略群体。

四、判断竞争者的市场反应

竞争者的目标与战略可以反映竞争者在某一阶段的侧重点，进而决定竞争者对其他企业做出的降价、技术革新、推出新产品等行为的反应。因此，企业在采取某些措施或行动之前，需推断竞争者的市场反应。竞争者的市场反应大致可分为以下4类。

1. 迟钝型竞争者

迟钝型竞争者是指对市场竞争措施行动缓慢，反应不强的企业。出现迟钝现象的原因有很多，可能是竞争者自身资源匮乏，无法获取资金、技术等方面的支持，也有可能是竞争者对自己的竞争优势较为自信，不认为其他企业的措施会影响企业经营，还有可能是竞争者市场把握能力不强，未能及时捕获最新的市场竞争信息等。

2. 选择型竞争者

选择型竞争者是指面对不同市场竞争措施会采取不同类型应对措施的企

业。例如，大多数企业对降低产品价格这样的竞争措施反应较为强烈，因为价格往往是企业赢得消费者的利器，企业多会力求在第一时间采取措施进行反击。而当面临服务质量提高、产品技术改进等非价格竞争措施时，企业往往反应较为平淡，认为这是可以从长计议的调整措施。

3．强烈反应型竞争者

强烈反应型竞争者是指对市场竞争变化较为敏锐，一旦捕捉到其他企业的挑战行为就会迅速做出反应，尽可能调动相应资源进行反击的企业。这类企业大多是市场中的领先者，可调用的资源较为充足，竞争优势较为明显。企业应尽量避免与强烈反应型竞争者正面交锋。

4．不规则型竞争者

不规则型竞争者是指随机对市场竞争措施做出反应的企业，其往往不会遵循一定的行为标准，让人难以捉摸。例如，不规则型竞争者在某些时候可能会对市场竞争的变化做出反应，也可能不做出反应。

 小讨论

在奶茶市场几近饱和的当下，蜜雪冰城却从诸多品牌中脱颖而出，销售额遥遥领先。通过查阅资料，分析蜜雪冰城在进入市场时所面临的竞争者格局，并以此为基础判断为什么蜜雪冰城会采取低价以及下沉市场策略。

任务2 认知基本竞争战略

战略形成的本质，就是为了应对竞争所需。一个企业所选择的战略决定了企业未来发展与前进的方向。而对竞争战略含义的理解是选择竞争战略的前提，因此企业需要明晰基本竞争战略的类型与内容。

活动1 成本领先战略

一、成本领先战略的含义

成本领先战略是指企业的成本状况在全行业范围内处于领先地位，即企业产品的总成本低于竞争者的营销战略。

二、成本领先战略的类型

每个企业自身行业特点、内部经营条件等不尽相同，应结合自身优势选择最为合适的成本领先战略。一般而言，成本领先战略可概括为如下几种类型。

（1）简化产品型成本领先战略：简单化产品，保留产品中的核心部分，将部分添加的"花样"取消，基本满足消费需求，降低产品生产的成本。

（2）改进设计型成本领先战略：通过设计优化，如产品设计结构优化、生产设备造价降低等来降低生产单位产品的固定成本，形成相对规模经济。

（3）材料节约型成本领先战略：通过降低产品中原材料单耗来降低单位产品的变动成本，可以采取的措施包括技术工艺改进或设备技术改造等。

（4）人工费用降低型成本领先战略：通过技术培训提高人员素质，降低单位产品的人工成本。

（5）生产创新及自动化型成本领先战略：提高生产效率，降低单位产品成本。

三、成本领先战略的局限性

成本领先战略是企业在市场中快速积累资本、赢得竞争优势的有效方法，但也存在一定的局限性，因为成本领先战略较难长期维持，即企业要达到长时间的产业最低成本水平是较为困难的。企业往往是借助相对先进与完善的技术体系来保持成本领先优势，而维持技术领先并不容易。一方面，一旦某行业内的技术体系发生质变，原来领先的企业较难再利用之前的技术以压低成本的方式赢得竞争者，其掌握的技术将大大贬值。另一方面，随着技术的成熟，技术可改进的空间将进一步缩小。为了维持成本领先，企业又不能停下技术改进与革新的步伐，成本优势的维系日益困难。

例如，娃哈哈集团持续取得成功的关键原因就是在企业价值链基本活动（配送、渠道、市场推广等）和支持性活动（财务、人力、行政等）上都始终坚持总成本领先战略。

👤 活动2　差异化战略

一、差异化战略的含义

差异化战略是指企业力求在消费者广泛重视的一些方面，在该行业内独树一帜。企业往往会通过产品融入消费者需要的独特个性而使产品在消费者心中升值，赢得消费者的消费偏好，从而以较高的产品价格占据市场，赢得超越产品平均水平的收益。

二、差异化战略的类型

1．产品差异化战略

产品差异化战略是从产品质量、款式等方面实现差别，寻求产品与众不同的特征。例如，在诸多家电企业品牌中，人们提到空调就会想起格力，提到洗衣机就会想起海尔，这就是特色化产品对消费者认知的影响。

2．服务差异化战略

服务差异化战略是企业面对较强的竞争者时，在服务内容、服务渠道和服务形象等方面采取有别于竞争者而又突出自己特征的措施，以战胜竞争者。例如，海底捞秉承"服务至上、顾客至上"的理念，以个性化特色服务从诸多火锅店中脱颖而出。

3．人事差异化战略

人事差异化战略是指通过聘用和培训获得比竞争者企业更为优秀的人员，以获取差别优势。例如，百果园相较于传统的水果专卖店在服务方面具有较强的优势特色。百果园的员工不仅懂得销售知识，还懂得养生知识，知道根据消费者饮食的不同需要来推荐相应的蔬菜和水果。

4．形象差异化战略

形象差异化战略是指在产品的核心部分与竞争者类同的情况下塑造不同的产品形象以获得差别优势。例如，特步公司别出心裁的"X"标志，与耐克的"√"形成鲜明对比，传达出坚持在否定中超越自我、超越对手的开拓精神。

三、差异化战略的局限性

特色的产品或服务是差异化战略企业的关键，但竞争者会想方设法地学习和模仿，以改进自身的产品或服务，弥补差异化劣势，因而企业的差异化特色优势会不断减弱乃至消失。

 小讨论

如果你去长沙旅游，一定会在大街小巷中遇到"茶颜悦色"。这是一个奶茶店，几乎每个店前都有许多顾客购买。"茶颜悦色"是首家提出"中茶西做"的奶茶店，与传统奶茶相比，原材料采用的是健康的茶饮与新鲜的牛奶。除此之外，"茶颜悦色"的产品外观也很独特，奶茶杯上印有历史人物、传统名画或诗词等元素。凭借着优秀的口味与外观，"茶颜悦色"吸引了诸多居民以及游客，并在社交平台上掀起了"茶颜悦色"打卡活动，非常火爆。

"茶颜悦色"采取了哪种竞争战略，具体包含哪些措施？

👤 活动3 集中化战略

一、集中化战略的含义

集中化战略是指企业主攻某一特殊的消费群体或某一产品线的细分区段、某一地区市场。企业可以采用集中化战略，通过满足特殊对象的需要而实现差别化，或者在为这一对象服务时实现低成本，或者二者兼得。

二、集中化战略的类型

1．单纯集中化

单纯集中化是指企业在不过多地考虑成本差异化的情况下，选择或创造一种产品、技术和服务为某一特定消费群体创造价值，使企业获得稳定收入。

2．成本集中化

成本集中化是指企业针对某一特定消费群体，以低成本方式提供服务。较低的成本和专业化产品可以帮助企业在细分市场中快速获得市场份额，赢得竞争优势。

3．差别集中化

差别集中化是指企业在针对某一市场提供产品的基础上，突出自己的产品、技术和服务的特色。相较于差异化战略服务于多个细分市场的特征，差别集中化战略只服务于狭窄的细分市场。

三、集中化战略的局限性

集中化战略非常依赖于细分市场中的优势，这就需要企业所在的细分市场与其他市场间是存在差异的，这样才能针对特殊需求的消费者提供独具特色的产品，通过专门致力于为这部分消费者服务而取得竞争优势。一旦目标市场和其他市场差异较小，那么采用集中化战略就无法成功。

成本领先战略、差异化战略和集中化战略 3 类基本竞争战略的对比如图 6-2 所示。

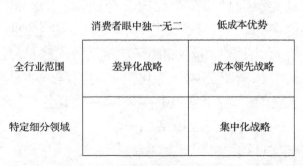

图6-2 3类基本竞争战略的对比

小讨论

"不是所有牛奶都叫特仑苏"，相信大家对这一广告语并不陌生。在"特仑苏"推出之前，蒙牛品牌一直处于低端市场，如优酸乳、早餐奶等产品都是面向这类市场。蒙牛意识到，要占领高端市场，就需要有高端的品牌对应，于是"特仑苏"应运而生。"特仑苏"相比于普通牛奶价格更高一些。事实证明，购买"特仑苏"的多是白领等。

请问"特仑苏"采取了哪种竞争战略，具体包含哪些措施？

任务3 认知市场地位与竞争者战略

市场地位是指企业在目标市场中所占据的位置，它是企业规划竞争战略的重要依据。不同市场地位的企业考虑的问题不同，其所采取的战略也存在差异。

活动1 市场领导者战略

一、市场领导者的含义

市场领导者是指在某一行业的产品市场上占有最大市场份额的企业。在市场竞争中，市场领导者的话语权较大，是其他企业挑战、效仿或回避的对象。市场领导者的归属也时有调整，而并非一成不变。

二、市场领导者战略

市场领导者的领先地位并非一成不变，这意味着市场领导者也需保持高度的警惕，否则很有可能被反超甚至跌落谷底。一般来说，市场领导者会采取以下4种战略来保住领先地位。

1. 维护高质量品牌的声望

打造品牌声望是要塑造品牌在企业内、行业内、产业链上以及社会上广泛的影响力。建立品牌声望，要构建基础产品声望，围绕企业核心竞争力，推出特色产品，在产品功能、耐用性和附加值等方面具备优势；要建构未来业务声望，重视品牌宣传，挖掘潜在消费群体，深化潜在消费群体的品牌认知，持续扩张业务；要推动品牌声望的价值传递，重视开展公益事业与社会建设活动，以赢得社会公众及投资方的认可，获取更多的资源，立足于企业的长远发展。

2. 扩大市场需求总量

某个产品的市场需求总量扩大，意味着每个企业能够占据的市场份额增加，而其中受益最大的往往是市场领先者。例如，我国消费者如果增加网购产品的消费额度，那么受益最大的将会是阿里巴巴、京东等企业。扩大市场需求总量大致可以通过发现新用户、开辟新用途、增加用户使用量3个方面开展。

3．保护市场占有率

市场领导者在占据较大市场份额的同时，也需要时刻警惕现有业务的流失，以防竞争者的攻击。考虑到科学技术是第一生产力，因此企业需要不断地革新技术与创新产品以保证产品质量。

4．提高市场占有率

对于市场领导者而言，不断扩大市场份额是保持领先地位的关键。借助于资源优势，市场领导者提高市场占有率主要有以下三种做法。

第一，采取多品牌策略。例如，宝洁公司旗下有海飞丝、佳洁士、汰渍等众多品牌。诸多的品牌与产品满足了不同消费层级的消费需求，扩大了企业的市场占有率。

第二，强化宣传效果。市场领导者在资源使用、调动等方面往往具有较大优势，有能力投入大量资金进行广告宣传，来增加品牌曝光度，增加消费者对品牌的熟悉程度或使消费者产生较强的品牌偏好。

第三，提高服务质量与增加销售网点。销售往往是直接面向消费者的关键，改进销售工作，可以建立消费者对品牌的良好认知，可采取的措施包括不断加强售后服务、提供质量保证与增加销售服务网点等。

 小讨论

> 九阳是豆浆机行业的主导品牌，九阳的成功诱发了诸多品牌跟风效仿。对此，九阳给出了应对措施。在技术方面，九阳积极创新，投入大量科研费用，深入研究豆子营养的保留和打磨等。在战略方面，为了在新技术、新材料、新工艺等方面追赶潮流，在北方驻守了近十年的九阳决定将研发和制造南移，以利用当地丰富的资源来开展相应业务。在产品方面，九阳积极尝试其他的细分家电市场，如进军电磁炉市场，现已成为电磁炉行业的主导品牌之一。
>
> 请问九阳在豆浆机市场中处于什么地位，有哪些措施值得其他企业学习？

👤 活动2　市场挑战者战略

一、市场挑战者的含义

市场挑战者是指通过积极向市场领导者或其他竞争者发动进攻来扩大市场

份额的企业。市场挑战者可以是仅次于市场领导者的大企业，也可以是小企业。

二、确定战略目标与挑战对象

针对不同的挑战对象，市场挑战者采取的战略目标也有所区别。一般来说，市场挑战者可以选择攻击 3 种对象。

1．攻击市场领导者

一般而言，市场领导者市场优势较大，选择此对象进攻风险很高，但一旦挑战成功，就能获得巨大的收益。这需要市场挑战者做好充足的准备工作，分析与研究有哪些细分市场前景广阔而市场领导者尚未发掘或忽视，找到市场领导者的弱点，以此作为进攻方向。

2．攻击与自己实力相当者

市场挑战者如果将与自己势均力敌的企业作为挑战对象，就要注意把握这些企业经营不当的时机或营销上的纰漏，设法夺取它们的市场份额。

3．攻击地方性小企业

地方性小企业生存根基并不稳固，往往会出现经营不善、资金周转困难等问题。市场挑战者可以借此机会，夺取它们的市场份额，甚至打败或收购这些地方性小企业，以增强自身的市场竞争力。

三、选择进攻战略

战略目标的确定为企业明确了发展方向，而企业作为市场挑战者，还需要进一步考虑采取什么样的进攻战略。企业可采取的进攻战略类型如下。

1．正面进攻

正面进攻强调直击对手，在对方实力强劲的领域发动进攻，而不是针对对方的弱势领域。其目的往往不是推翻市场领导者，而是消耗对手实力。正面进攻大多会发展成"持久战"，其结果取决于谁的实力更强或更具有持久力。这种进攻方式的典型做法包括产品对比、采用攻击性广告、价格战等。

2．侧翼进攻

侧翼进攻强调针对对方的弱点，集中火力攻击，其目的是慢慢蚕食竞争者。侧翼进攻往往用在市场挑战者较难直接进攻竞争者或是正面进攻被干扰的可能性较大时。侧翼进攻可采取的战略方向有如下两个。

一是地理市场，是指向同一地理区域市场范围的竞争者发起进攻。例如，在市场中建立比竞争者更强有力的网点，大范围地推广自身产品，以抢占竞争者原本的消费者，推动消费者转换品牌。

二是细分市场，是指针对竞争者忽略的细分市场。例如，利用竞争者在某一市场中的产品空缺或营销策略的空缺，选择竞争者缺乏的产品或较难模仿的产品，打入这些细分市场，填补市场需求的空白。

3．包围进攻

包围进攻指进攻者以更深的产品线或更广的市场来围攻竞争者阵地的策略。其目的是打个措手不及，使得竞争者难以兼顾多方面的事务，首尾难顾。企业采取包围进攻应具备以下两个条件。

一是确保竞争者可攻击的市场弱点不止一处，企业可以通过提供特色产品或针对性营销策略吸引消费者，而消费者也愿意接受或迅速采用。

二是企业可以短时间内调动较多的资源，这就意味着企业要比竞争者具备更大的资源优势，重视"快、准、狠"，不要陷入"持久战"的泥潭中。

4．迂回进攻

迂回进攻强调尽量避免正面冲突，在对方没有防备的地方或是不可能防备的地方发动进攻。迂回进攻可采取的方向有如下3个。

一是多样化，即生产经营多领域中无关联的产品，争取在尽可能多的领域获取产品份额。

二是产品替代，即用新技术为基础生产的产品来替代老技术生产的产品，实现产品的升级与换代。

三是产品新市场开拓，用现有的产品进入新的地区市场。

5．游击进攻

游击进攻强调"拖垮对方"与"不定期干扰对方"，一般适合实力不是很强，短期内可调动资源有限的企业。其目的往往不是彻底打败竞争者，而是不断干扰竞争者，迷惑竞争者，为企业铆足火力发起全面进攻做准备。

 小讨论

可口可乐是最早进入中国的美国企业，相较于百事可乐具有不可比拟的先入优势。为了尽可能占据更多的市场份额，百事可乐曾买断了全国足球甲A联赛冠名权，向年轻人和爱好体育的人士宣传百事可乐。在生产方面，百事可乐在广州成立相关企业且并购了国内的饮料企业，借助于本地企业及其已经占据的市场发展自身业务。现在，百事可乐已经成为我国家喻户晓的品牌，但其与可口可乐的竞争大战仍在持续。

请问百事可乐在饮料市场中处于什么地位，其有哪些措施值得其他企业学习？

👤 活动3　市场追随者战略

一、市场追随者的含义

市场追随者是指在行业中居于次要地位，并安于次要地位，在战略上追随市场领导者的企业。其目的往往不是取代或推翻市场领导者，而是跟随在领导者后尽量维持共存。为了达到这一目的，市场追随者需懂得如何保全自己。

二、市场追随者战略

市场追随者可采取的战略有如下 3 种。

1．紧跟跟随

紧跟跟随是指在产品、营销组合等各个方面都尽可能模仿市场领导者，不从根本上危及市场领先者的领先地位，以避免正面冲突。

2．距离跟随

距离跟随是指在主要方面尽可能追随市场领导者，如产品质量、价格水平、营销渠道等，但与市场领导者之间保持一定的差距。采取这种战略的市场追随者不容易引起市场领导者的注意，可以通过慢慢发展及兼并小企业来发展壮大自己。

3．选择跟随

选择跟随是指在某些方面紧跟市场领导者，而在另一些方面又自行其是。采取这种战略的市场追随者不会盲从，会选择自身较为优势的领域跟随，在跟随的同时培养个性化优势，是发展为市场挑战型企业的佼佼者。

 小讨论

　　我们不做市场的发动者，只是市场的参与者、追随者，顺势而为。大部分中小企业采取市场跟随者战略，"他山之石，方可攻玉"。请结合自己的理解，举例说明。

👤 活动4　市场补缺者战略

一、市场补缺者的含义

市场补缺者是指精心服务于市场的某些细小部分，而不与主要的企业竞争，只是通过专业化经营来占据有利的市场位置的企业。其目的是占据几个安全又有利的市场空隙，关注市场中大企业忽视的细小部分，以求得生存和发展。

二、市场补缺者战略

市场补缺者战略选择的步骤如下。

1. 市场补缺基点的选择

分析整体市场格局，细分各类型子市场，判断出哪个子市场中强有力的竞争者较少，这样的子市场适合作为市场补缺基点。一般而言，多个市场补缺基点可较好地保证企业生存，因此市场补缺者一般会选择两个或两个以上的市场补缺基点。

2. 专业化市场营销

在分析出可选择的市场补缺基点后，企业需考虑如何取得市场补缺基点，可采取的主要战略是专业化市场营销。专业化市场营销可实施的方面有很多，如垂直层面专业化（专门致力于分销渠道的某些层面，如有些零件制造商专门生产剃须刀的刀片或零部件）、顾客规模专业化（为某种规模的顾客服务，例如一些小企业会寻找被大企业忽略的顾客群体开展专业化服务）等。

 小讨论

"华莱士"被诸多网友称为山寨版"肯德基"，主攻三四线城市，选址多在学校周边、小区周边等。利用低价策略快速占领市场，如1元可乐、2元鸡翅等，吸引了大批与"肯德基"完全不同的消费群体。为了能够拿到低价，"华莱士"是出了名的"抠"，例如自己建立供应链以享受原材料的最低价。此外，"华莱士"不搞直营和加盟，其采用的模式为门店众筹，也就是员工合伙。凡是在华莱士工作满一年的员工，均可持股30%开店。试问，又有哪个员工会对自己的买卖不上心呢？

请分析"华莱士"采取的竞争战略，以及具体措施是什么。

项目实施

一、运用波特五力分析模型

实训目的：

（1）运用波特五力分析模型，探究奶茶店面临的竞争优势和潜在威胁。

（2）分析奶茶加盟店在竞争者、潜在竞争者、供应商、购买者等方面的战略措施，以便更好地理解企业的经营模式。

实训内容：

小张的奶茶店的四周，有其他奶茶店、咖啡店、冷饮店、茶饮品店，还有各色快餐店，一家挨着一家，竞争非常激烈。请帮助小张运用波特五力分析模型，通过分析 5 种竞争力量，了解奶茶店所处行业的竞争程度以及影响因素，以确定奶茶店的竞争战略。

实训步骤：

（1）各项目团队调查与搜集奶茶行业的相关资料，了解行业发展趋势。

（2）利用波特五力分析模型，具体分析奶茶行业的同行业竞争者的竞争能力、潜在竞争者进入的能力、替代品的替代能力、供应商的议价能力与购买者的议价能力，以求多维度地衡量奶茶生意的前景。

（3）基于分析结果，探究奶茶店在未来发展中的核心优势和潜在威胁，以及应对竞争挑战的战略。

（4）撰写奶茶店波特五力分析模型研究报告。

实训考核：

（1）考核奶茶店波特五力分析模型报告的撰写质量（占 70%）。

（2）考核个人在实训过程中的表现（占 30%）。

二、理想汽车的竞争态势分析

实训目的：

领会市场竞争的一般原理，理解协同竞争的思维，能有效地识别并分析竞争者。

实训内容：

自 2015 年成立以来，理想汽车迅速将自己定位为国内电动汽车市场的领导者。随着环保政策的持续推进、技术创新的不断深入、市场需求的逐渐扩大，新能源汽车产业迎来了更广阔的发展空间。新能源汽车产业的竞争正在进入新格局，请利用所学的市场竞争战略方面的知识分析理想汽车的竞争态势。

实训步骤：

（1）分析理想汽车的经营现状，如品类情况、主要产品、目标消费群体特点等。

（2）选定 3 个以上的竞争品牌，分别分析竞争者的市场目标、竞争者的优势与劣势、竞争者的市场反应、竞争者的策略等。

（3）分析理想汽车的市场定位、竞争策略。

（4）撰写分析报告，提出改进措施和建议。

实训考核：

考核分析报告的撰写质量（占70%），考核个人在实训过程中的表现（占30%）。

项目总结

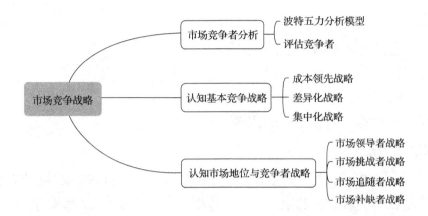

习题

一、选择题

1. 从行业角度出发，企业的竞争者不包括（　　　）。

    A. 现有厂商　　　　B. 潜在加入者

    C. 替代品厂商　　　D. 品牌竞争者

2. 不属于波特五力分析模型研究范围的是（　　　）。

    A. 供应商　　　　B. 购买者　　　　C. 替代品　　　　D. 相似品

3. 在行业中居于次要地位，并安于次要地位，在战略上追随市场领导者的企业被称为（　　　）。

    A. 市场领导者　　　B. 市场追随者

    C. 市场挑战者　　　D. 市场补缺者

4. 精心服务于市场的某些细小部分，而不与主要的企业竞争，只是通过专业化经营来占据有利的市场位置的企业为（　　　）。

    A. 市场领导者　　　B. 市场追随者

    C. 市场挑战者　　　D. 市场补缺者

5. 企业的成本状况在全行业范围内处于领先地位，即企业产品的总成本低于竞争者产品的总成本的营销战略被称为（　　　）。

　　A. 成本领先战略　　B. 集中化战略

　　C. 差异化战略　　　D. 外线战略

二、名词解释

市场领导者　市场补缺者　成本领先战略　差异化战略

三、简答题

1. 波特五力分析模型包括哪些内容？

2. 成本领先战略有哪些类型？

3. 差异化战略的局限性有哪些？

4. 市场追随者可采取哪些战略类型？

四、案例分析

某县有大片的西梅林，为推动乡村振兴，当地政府决定发展"西梅经济"。西梅具有促进肠道蠕动的功能，且具有较高的营养价值，深受年轻人的喜爱。考虑到最近西梅饮品市场初步崛起，还未出现市场霸主，于是当地政府初步确定战略方向为深加工西梅，创建西梅饮料品牌"阳光"。此战略较好地避开了可乐市场与无糖饮料市场的激烈战场。假如你是助理专员小艾，尝试运用市场竞争战略的理论知识，判断此战略所属的基本竞争战略类型，把握战略方向，更好地助力当地经济发展。

1. 分析此战略所属的基本竞争战略类型。

2. 此举措推出后，"阳光"西梅饮品初获成功，很多以西梅种植为主的乡镇也有了深加工西梅以带动经济的想法，市场中出现了新的威胁。请同学们结合实际，调查现在饮料行业的相关资料（例如现在西梅饮料市场中，汇源果汁的市场占有率较高），利用波特五力分析模型探究"阳光"西梅饮料的竞争态势。

3. 分析此战略的优势和劣势，以及未来进一步发展的方向。

项目 7

产品策略

情境导入

阳光蔬果有限公司是一家主营新鲜蔬菜和时令鲜果的公司，其业务范围广泛，不仅对生活社区进行生鲜果蔬配送，还有自己的线下直营店。近年来，随着盒马鲜生、京东到家等线上买菜业务的兴起，该公司的业务规模受到一定的冲击。为维持市场规模并适当增加市场份额，公司打算对旗下产品进行整合、开发，以增加产品特色；同时进行品牌推广和包装优化，提升产品品质与形象。那么，该公司应如何运用产品整体概念的理念，科学地设计产品策略，以及对特色农产品进行品牌提升推广和个性化包装设计呢？

学习目标

1. 理解产品整体概念，掌握产品组合策略。
2. 明确产品生命周期不同阶段的特点及营销对策。
3. 明确新产品开发的要求和方向，掌握新产品开发的程序。
4. 深刻认识到品牌的核心价值，掌握品牌设计思路。
5. 掌握产品包装策略。
6. 能运用产品整体概念的理念指导企业的营销实践。
7. 能进行产品组合策略分析。
8. 能正确运用产品生命周期不同阶段的营销对策。
9. 能初步进行新产品上市推广策划。
10. 能初步进行品牌策划、包装策划。
11. 培养创新意识和开拓精神。
12. 培养诚实经营、守法经营的诚信意识。
13. 树立国家品牌意识，增强民族自豪感和自信心。

任务1　认知产品与产品组合

活动1　理解产品整体概念的内涵

现代市场营销学意义上的产品强调产品整体概念，指能够提供给市场，用于满足顾客某种欲望和需要的物质产品和非物质形态的服务，包括实体产品、服务、地点、创意等。它具有丰富的内涵，具体由5个基本层次构成，如图7-1所示。

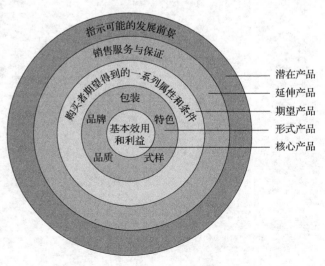

图7-1　产品概念的5个基本层次构成

一、核心产品

核心产品是产品整体概念中最基本的层次，是顾客购买某一特定产品时追求的基本效用和利益，是顾客需求的中心内容。

二、形式产品

形式产品是指核心产品借以实现的形式或目标市场对某一需求的特定满足形式。形式产品通常表现为产品的品质、式样、特色、包装和品牌等。产品的基本效用必须通过某些具体的形式才能得以实现。

三、期望产品

期望产品是指顾客在购买该产品时期望得到的与产品密切相关的一系列属性和条件。期望产品如果得不到满足，就会影响顾客对产品的满意程度、购后评价和重复购买率。

四、延伸产品

延伸产品也称附加产品，是指顾客购买形式产品和期望产品时所获得的全部附加服务和利益，包括提供贷款、免费送货、维修、保证、安装、技术指导、售后服务等。理性消费时代顾客注重产品的性价比，而感性消费时代顾客更注重产品的附加价值，因此企业应拓展延伸产品，增加顾客的感知价值。

五、潜在产品

潜在产品指一个产品最终可能实现的全部附加部分和新增加的功能，它指出了产品可能的演变趋势和前景，是吸引顾客购买非必需品、非渴求品的关键因素。

产品整体概念体现了以顾客为中心的现代营销理念，它的内涵和外延都是以消费需求为导向的。在互联网时代，顾客往往不单单在购买一件产品，更是在消费一种生活方式，在进行自我表达、自我认同；同时，产品传递出的整体价值观成为顾客购买的驱动力。因此，企业设计有效的延伸产品、潜在产品已越来越重要。

 小讨论

当咖啡豆被当作普通的产品售卖时，一磅可卖 300 元；当咖啡豆被加工包装为咖啡商品时，一杯就可以卖一二十元；当其加入了服务，在咖啡店中出售时，一杯要几十元；但如能让咖啡成为一种香醇与美好的体验，一杯就可以卖到上百块。为什么同样是咖啡，价格如此不同？请用产品概念的层次构成理论分析上述材料。

👤 活动2　了解产品的分类

产品按照不同的分类标准可以进行不同的分类，一般有以下两个划分标准。

一、按产品的耐用性和有形性划分

（1）耐用品。耐用品即使用寿命长的有形产品，一般是使用年限较长、价值较高的有形产品。

（2）非耐用品。非耐用品即只能使用一次或几次的有形产品，一般是一种或多种消费用途的低值易耗品。

（3）服务。服务即用于出售或者同产品连在一起进行出售的活动、利益或满足感。服务具有无形、不可分、易变和不可储存的特点。

二、按产品的用途划分

（1）消费品。消费品按照消费者消费习惯的不同，可以分为便利品、选购品、特殊品、非渴求物品，如表7-1所示。

表 7-1　消费品类型分析

消费品类型	含义	特点	营销对策	举例
便利品	消费者购买频繁或需要随时购买，并且只花费最少精力和时间去比较的消费品	①购买次数多；②耐用程度低；③不需要或少花费精力和时间	一般广设销售网点，便于消费者选购	肥皂、牙膏
选购品	消费者对使用性能、质量、价格和式样等基本方面要做认真权衡比较的产品	①购买次数少；②耐用程度高；③挑选性强；④需花费较多精力和时间	一般同一类别的产品设置在同一区域，便于消费者货比三家	女装、家具
特殊品	具有独特品质、特色或拥有著名商标的产品，消费者习惯上愿意多花时间和精力去购买的消费品	①购买前对特殊品的特点、品牌认识充分；②购买时只愿意买某特定品牌的特定产品	一般在某一地区仅设一个和少数几个销售网点	供收藏的钱币、特殊品牌的奢侈品
非渴求物品	消费者不知道的物品，或者虽然知道却通常不会购买的物品	①需求度低；②企业必须加强广告、推销工作，并做好售后服务、维修工作	大量的营销努力，引导、帮助消费者	新产品、人寿保险

（2）工业用品。工业用品按照进入生产过程和价值属性的不同，可以分为

材料和部件、资本项目以及供应品与服务。

 小讨论

登录淘宝、京东、唯品会等电商平台，浏览对比它们的产品分类有什么不同。电商平台的产品是如何分类的？面对海量的产品信息，用户如何快速、精准找到自己所需要的产品？

活动3 了解产品组合的概念与要素

一、产品组合的相关概念

（1）产品组合。产品组合是指某个企业生产或销售的全部产品结构，它包括所有的产品线和每一产品线中的产品项目，它反映了一个企业的经营范围。

（2）产品线。产品线也称产品大类，是指由密切相关的满足同类需求的产品项目构成的某一类产品。

（3）产品项目。产品项目是指产品线中各种不同的品种、规格、质量、价格、技术结构和其他特征的具体产品。

二、产品组合的要素

（1）产品组合的宽度。产品组合的宽度是指企业的产品组合所包括的产品线（或产品系列）的数量。它表明了一个企业经营的产品种类的多少及经营范围的大小。产品线越多意味着企业的产品组合越宽。

（2）产品组合的长度。产品组合的长度是指产品组合中的产品项目总数，即企业所有产品线中产品项目的总和，它反映了企业产品在整个市场中覆盖面的大小。

（3）产品组合的深度。产品组合的深度是指产品组合中某一产品线内的产品项目数，一般表现为企业某个产品线的专业化程度。平均深度可以通过计算每一品牌产品的深度，然后将其加总，再除以品牌产品总数求得。

（4）产品组合的关联度。产品组合的关联度是指一个企业的各条产品线在最终用途、生产条件、分销渠道等方面的相关程度。

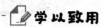 **学以致用**

请分析海尔公司的产品组合的宽度、长度和深度。

👤 活动4　掌握产品组合策略

产品组合策略是企业根据其营销目标和市场变化，对产品组合的宽度、长度、深度和相关度进行的筹划和安排。常见的产品组合策略有以下几种，如表7-2所示。

表 7-2　常见的产品组合策略

产品组合策略类型			组合内容
扩大产品组合			增加产品线或产品项目，扩大经营范围
缩减产品组合			缩减产品线或产品项目，缩小经营范围
产品线延伸	向上延伸 向下扩展 双向扩展	增加产品线长度	原生产中低档产品，向高档产品扩展 原生产高档产品，向中低档产品扩展 原生产中档产品，向高档产品和低档产品两个方向扩展
产品线现代化			更新现有产品线，提高产品线现代化水平

一、扩大产品组合

扩大产品组合指扩大产品组合的宽度和深度，增加产品线或产品项目，扩大经营范围，生产经营更多的产品以满足市场需要。扩大产品组合可以充分利用本企业的资金、技术、人才、设备、市场、销售渠道等方面的潜力，也可以分散经营风险。

二、缩减产品组合

缩减产品组合指降低产品组合的宽度或深度，主要是缩减获利小的产品线或产品项目，停止亏损的产品线或产品项目。缩减产品组合有利于企业集中资源和技术力量改进产品的品质，提高产品的知名度；有利于生产经营专业化，提高生产效率，降低生产成本；有利于企业向市场的纵深发展，寻求合适的目标市场，减少资金占用，加速资金周转。

三、产品线延伸

产品线延伸是指企业超出现有的范围来增加它的产品线长度，主要有向上延伸、向下扩展和双向扩展3种实现方式。

（1）向上延伸。向上延伸指原来定位于中低档产品的企业进入高档产品市场，在原来的产品线上增加高档产品。

（2）向下扩展。向下扩展指企业在原有产品线下面增加一些中低档的产品。

案例分析

娃哈哈的产品组合策略

（3）双向扩展。双向扩展指原定位于中档产品的企业在占据市场优势以后，向产品线的上下两个方向拓展，同时增加高档产品和低档产品。

四、产品线现代化

当消费者的消费习惯、偏好、生活方式等随着时代的发展而不断改变时，企业应与时俱进，不断更新产品线，重视产品线的现代化。产品线现代化应根据市场状况和企业自身条件，采用一步到位的方式或者逐渐现代化的方式。

任务2 认知产品生命周期

👤 活动1 理解产品生命周期的含义

一、产品生命周期的含义

产品生命周期即产品的市场寿命，指产品从进入市场到被淘汰退出市场的全过程。产品生命周期一般可以分成4个阶段：投入期、成长期、成熟期和衰退期。一个典型的产品生命周期曲线如图7-2所示。

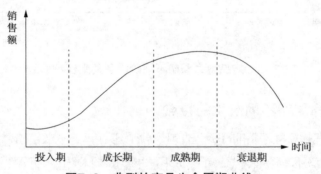

图7-2 典型的产品生命周期曲线

二、对产品生命周期理论的理解

产品的生命周期不同于产品的使用寿命。并非所有的产品生命周期曲线都是标准的S型，还有很多特殊的产品生命周期曲线。

产品种类、品类、品牌的产品生命周期各不相同。产品种类的生命周期最长，只有科学技术发展到一定阶段，出现能够代替产品种类全部功能的新产品后，产品种类的寿命才会终结。产品品类的生命周期的长短主要取决于技术进步后产品更新换代的速度。产品品牌的生命周期较稳定，一般根据该品牌产品的销售状况和市场竞争状况而定。

小讨论

手表、机械手表与"上海"牌机械表，谁的产品生命周期更长？

活动2　掌握产品生命周期不同阶段的特点

一、产品生命周期不同阶段各要素的变动情况

在产品生命周期的不同阶段，销量、成本、价格、创新能力、市场竞争、利润等都有不同的特征。图 7-3 所示为产品生命周期不同阶段各要素变动曲线。

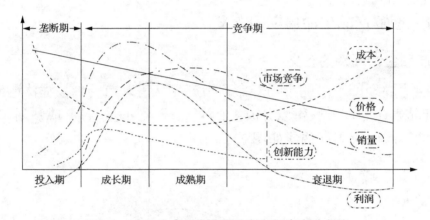

图7-3　产品生命周期不同阶段各要素变动曲线

二、产品生命周期不同阶段的特点

在产品生命周期的不同阶段，销量、销售速度、成本、价格、利润、购买者、市场竞争等都有着不同的特点，每个阶段的营销目标也各不相同，如表7-3所示。

表 7-3　产品生命周期不同阶段的特点

类别	投入期	成长期	成熟期	衰退期
销量	低	剧增	最大	下降
销售速度	缓慢	快速	减慢	慢或负增长
成本	高	一般	低	回升
价格	高	回落	稳定	回升
利润	微小或负	大	高峰后逐渐下降	低或负

类别	投入期	成长期	成熟期	衰退期
购买者	创新者	早期使用者	中间多数	落伍者
市场竞争	很少	逐渐增多	激烈	减少
营销目标	建立知名度，鼓励试用	最大限度地占有市场	保护市场，争取最大利润	压缩开支，榨取最后价值

活动3 探究产品生命周期不同阶段的营销对策

一、投入期营销对策

投入期企业的主要任务是发展和建立市场，重点是努力提高知名度，突出一个"准"字。企业要通过各种手段积极收集市场反馈信息，把握市场变化情况，投入必要的资源，保证生产能力和畅通配销途径。

投入期的营销对策有：通过向潜在消费者宣传，吸引他们试用此产品；广告的重点应放在介绍产品上，展示产品的结构、性能、特点、使用方法，尤其要突出产品能给消费者所带来的利益；采取有效的市场营销组合策略来缩短该阶段的时间。常见的方法是采用定价与促销两个方面来设计营销策略，可以形成快速撇取策略、缓慢撇取策略、快速渗透策略、缓慢渗透策略4种策略。

二、成长期营销对策

成长期的营销重点是创名牌，提高偏爱度，打造规模效应，强调一个"快"字。

成长期的营销对策有：通过改进产品质量和增加产品的特色和式样，增加产品的竞争能力；加强产品的品牌宣传；积极探索新的细分市场，时机成熟时迅速进入该市场；增加产品的销售机会，扩大销售网点，方便购买。

三、成熟期营销对策

成熟期的营销重点是延长产品生命周期，持续打造网络效应和品牌，维持市场占有率，抓住一个"改"字。成熟期的营销对策具体包括以下3个方面。

（1）市场改革策略。通过发现产品的新用途或改变推销方式等，寻找新的消费群体，以提高产品销量。

（2）产品改革策略。改进产品的质量、特点、式样、服务等，使产品呈现多样化发展的趋势，从而满足不同需求，维持市场份额。

（3）营销组合改革策略。采取降价让利、增加网点、提高促销水平、改进产品包装、有效利用广告及公共关系等综合促销手段，以延长成熟期。

四、衰退期营销对策

衰退期的营销重点是掌握时机、调整市场，明确一个"转"字，用迁移成本减缓产品的衰退。衰退期的营销对策具体包括以下3个方面。

（1）集中策略：缩短产品营销战线，将企业的人才、物力、财力相对集中在具有最大优势的细分市场上，相对缩小经营规模，企业可以在该市场上再获取较多的利润。

（2）收割策略：维持此产品的一定生产能力，削减广告宣传等促销费用，或者降低产品销售价格，增加眼前利益。

（3）放弃策略：经过准确判断，确定产品无法为企业带来利益，撤退老产品，将企业资源投入到其他有发展前途的产品上。企业使用该策略时应妥善处理现有消费者的售后服务问题。

任务3　新产品开发与推广

活动1　了解新产品的概念、种类

移动互联网时代日新月异，企业不能以一成不变的产品参与瞬息万变的市场竞争，而必须进行有效的新产品开发，适时推出新产品，满足不断变化的消费需求，保持企业的良好生存和发展。

一、新产品的概念

从市场营销的角度看，凡是企业向市场提供的产品整体概念中任何一个部分的创新、变革或变动，都可以理解为一种新产品。

二、新产品的种类

新产品按其创新程度，可分为5种基本类型。

（1）全新型新产品。全新型新产品指应用新原理、新技术、新材料，具有新结构、新功能的产品。

（2）改进型新产品。改进型新产品指在原有产品的基础上进行改进，使产品在结构、功能、品质、花色、款式及包装上具有新的特点和新的突破，能更好地满足不断变化的消费需求。

（3）仿制型新产品。仿制型新产品指对市场上已有的新产品进行局部的改进和创新，保持其基本原理和结构不变而仿制出来的产品。

（4）换代型新产品。换代型新产品指采用新技术、新结构、新方法或新材料，在原有技术基础上有较大突破的新产品。

（5）重新定位型新产品。重新定位型新产品指进入新的目标市场或改变原有产品的市场定位后推出的新产品。

学以致用

目前市场上的"手机伴侣"——充电宝有哪些功能？假设某企业预开发新的充电宝，你认为该充电宝可以增加哪些功能？

活动2　明确新产品开发的要求和方向

一、新产品开发的要求

（1）要有需求。分析新产品是满足消费者的强需求还是弱需求，新产品要解决用户的痛点。

（2）要有特色。新产品要有自己的特色，要有卖点，这样消费者才愿意买。

（3）要有能力。企业要有能力生产新产品。

（4）要有效益。企业生产新产品有利可图。

二、新产品的开发方向

（1）多能化：产品为消费者提供多种功能，具有多种用途，如多功能手表。

（2）小型化：体积缩小，重量减轻，如笔记本式计算机。

（3）简易化：结构简单，使用方法简便，如电饭煲。

（4）多样化：产品规格齐全，形式多样，如不同材料制成的火锅。

（5）公益化：节约能源，减少污染，如电动自行车。

活动3　掌握新产品开发的程序

新产品开发的程序是根据企业目标和市场需求，制定新产品开发和具体实施计划的过程。新产品开发通常需要经历以下8个阶段。

一、构思新产品

产品构思又称产品创意，是指对新产品的设想。进行产品构思是新产品开发的首要阶段，一个好的产品构思是企业成功

案例分析

小米手机如何将产品研发过程变成营销过程？

发展的关键。在互联网经济模式下的后消费时代，如果只靠在产品出来之后再去挖掘其消费卖点，产品就很难获得市场成功。企业必须在产品诞生之前就开始构思，以保证产品本身就是消费者所需要的。

二、构思筛选

筛选出那些符合企业的发展目标和长远利益，并与企业资源相协调的产品构思，摒弃那些可能性小或获利较少的产品构思。构思筛选应遵循经济可行和技术可行的原则。

三、形成产品概念

产品概念是企业从消费者的角度对产品构思进行的详尽描述。企业需要将新产品构思具体化，描述出产品的性能、具体用途、形状、优点、价格等，让消费者能一目了然地识别出新产品的特征。

四、初拟营销战略计划

企业需要初步拟定将新产品投放市场的营销战略计划，并在之后的发展过程中不断补充、修正计划。营销战略计划的内容主要包括：目标市场的规模、结构和消费行为；计划中的产品定位和销量、市场占有率及不同时期的营销组合策略等。

五、商业分析

商业分析主要是对新产品预计的成本、销量、利润、投资收益率等指标进行估算，判断其是否符合企业的目标。

六、产品实体开发

产品实体开发主要是将通过商业分析后的新产品概念转化为在技术上和商业上可行的产品，同时进行包装的研制和品牌的设计。据调查，新产品开发过程中的产品实体开发阶段所需的投资占总开发费用的 30%，所需的时间占总开发时间的 40%，并且技术要求很高，是最具挑战性的一个阶段。

七、市场试销

将新产品投放到有代表性的目标市场中进行测试，以了解产品的市场销售前景。市场试销是对新产品的全面检验，可为新产品是否全面上市提供全面、系统的决策依据，也为新产品的改进和市场营销策略的完善提供相应资料。

八、正式上市

新产品试销成功后，即可以批量生产，正式推向市场。对于具体应在何时、何地、以何种方式全面推出新产品，企业必须进行详细的新产品推广策划。

活动4　明确新产品推广的思路

新产品推广指企业采取一定的措施，尽可能快速地将自己的新产品融入消费者的心中，使新产品被越来越多的消费者所接受。

新产品推广的具体思路如下。

一、确定目标消费群体

企业根据产品定位和消费需求的特点，选准新产品的目标消费群体。对不同地区、不同市场的不同消费群体，企业应采取不同的营销策略。

二、建立独特的产品形象

企业要深度挖掘吸引消费者的独特产品形象，给消费者一个精准的购买理由。建立独特产品形象的步骤包括：分析产品整体概念，找出核心消费者，进行产品的市场定位，提炼产品的卖点。

三、制订新产品推广战略规划

企业应制订周密的计划，整合各种资源和不同的营销方法，利用各种传播媒体进行立体化的营销。新产品推广战略规划通常包括近期、中期、远期3个阶段，每个阶段的推广范围、推广目标等都要确定好。

四、选择上市的时机和区域

上市时机的选择关系到新产品推广的成败，因此新产品上市应尽可能选择最佳的上市时机。针对竞争产品而言，有3种上市时机可供选择：抢先进入、同时进入和延后进入。

新产品上市的区域由企业规模、实力、营销资源等综合决定。企业规模大、实力雄厚，产品又在全国普遍适用的，可采用全国市场同步上市。大多数企业采取逐步拓展的方式，先选择一个地方打开市场，后逐步推广到其他地区。产品需求差异较大的产品可按各地消费能力分批上市。

五、进行强大的宣传造势

在新产品推广上市前，企业通过各种媒体进行新产品上市的预热，在线上线下大力宣传，为新产品带来足够的曝光量。

六、建立畅通的营销渠道

完备高效的销售系统是新产品市场推广的有力保障。新产品的性质不同，选择的渠道模式也不同。一般情况下，企业在新产品投入市场的初期适合采用独

市场营销基础与实务〔微课版〕

家代理或独家经销的方式，在产品进入成熟期后可采用多家代理或多家经销的方式。

七、运用有效的促销策略

消费者接受新产品的阶段不同，新产品的促销方式和促销目标也不同。因此需要根据不同的产品阶段选择不同的促销策略。

任务4　探究品牌策略

活动1　理解品牌的内涵

一、品牌的含义

品牌是产品的重要组成部分，是企业的无形资产。品牌由品牌名称和品牌标志两部分构成。品牌名称指品牌中能被读出的部分；品牌标志指通过视觉辨别，能用语言描述，但不能用语言直接读出的部分。

商标是品牌或品牌的一部分，经向国家有关部门注册登记后获得专用权，受国家法律保护。商标是一个法律术语，是企业产权的重要组成部分。

知识拓展

中国品牌日

二、品牌的六要素

品牌是一个复杂的符号，蕴含着深刻的含义，包含属性、利益、用户、价值、文化及个性六要素。其中，品牌最持久的要素是它的价值、文化和个性，它们确定了品牌的营销基础。

知识拓展

品牌的六要素

三、品牌的核心价值

品牌的核心价值是品牌的灵魂，它是品牌资产的主体部分，它能让消费者清晰地识别并记住品牌的利益点与个性。品牌的核心价值可分为以下三大价值主题。

（1）功能性价值：功效、性能、质量、便利等功能性价值是绝大多数品牌在品牌塑造初期的立身之本。

（2）情感价值：将人类情感中的关怀、牵挂、思念、温暖、怀旧、爱等情感内涵融入品牌，使消费者在购买、使用的过程获得这些情感体验，从而唤起消费者内心深处的认同和共鸣，最终获得消费者对品牌的喜爱与忠诚。

案例分析

褚橙的品牌营销

118

（3）象征性价值：当品牌成为消费者表达个人价值观、财富、身份地位与审美品位的一种载体与媒介时，品牌就有了独特的自我表现型利益。例如，方太推出"地球情书"短片，通过3个地球守护者的感人事迹传达企业的环保价值观，拉近品牌与消费者之间的心理距离，增加品牌的真实性和亲切感。

品牌核心价值的提炼，既可以着重三大价值主题中的一种，也可以是其中几种价值主题的组合。每一种价值主题都可以成为寻找品牌核心价值的方向，强势品牌通常兼具这三种价值主题。

 小讨论

你认为品牌核心价值中哪种价值主题最重要？为什么？请选择某个你所熟悉的品牌并分析其核心价值。

活动2 掌握品牌设计思路

品牌设计是一个完整的品牌识别系统，主要包括企业形象识别系统和销售识别系统。从整体上讲，品牌设计主要包括品牌名称设计、品牌标志设计及品牌形象设计3个方面。

一、品牌名称设计

品牌名称是品牌的核心，是形成品牌概念的基础。品牌名称设计对企业将来的发展是至关重要的。例如，百度是全球最大的中文搜索引擎，"百度"二字源于宋代词人辛弃疾的《青玉案·元夕》词句"众里寻他千百度"，象征着百度对中文信息检索技术的执着追求。

1．品牌名称设计的原则

品牌名称设计的原则如下：简单易读，易于传播；新颖独特，富有个性；与产品相关，寓意深刻；符合法律，遵循风俗。例如，Lenovo是联想自己创造出的一个单词，"Le"取自原先的"Legend"，有承继"传奇"之意，"novo"是一个拉丁词根，代表"新意""创新"，整个单词寓意为"创新的联想"或"联想创新"。

2．品牌名称设计的方法

品牌名称设计的方法主要有以下几种。

（1）以产品的主要性能和效用命名。例如美加净、精工表。

（2）以人名命名。将名人或企业创立者的名字作为产品品牌，如方太厨具、张小泉剪刀。

（3）以产地命名。将企业或产品名称与地名关联，便于消费者将地名的高认知度和认同度转化为对品牌的认知和信任，如西湖龙井、北京烤鸭。

（4）价值观法。将品牌的价值观浓缩成简洁的语言来为品牌命名，使消费者一看到产品品牌就能感受到企业的价值观念，如兴业银行。

（5）以产品加工方法命名。例如北京二锅头、千层饼。

（6）以动植物的名称命名。用动物、植物和自然景观等来为品牌命名，有利于消费者建立与之相关的品牌形象与品牌内涵联想，促进消费者的产品认知，如天猫、凤凰。

（7）以企业名称命名。例如同仁堂中药、海尔等。

（8）以数字命名。用数字来为品牌命名，可以借用人们对数字的联想效应，这样的品牌名称便于记忆，易于传播，如六个核桃、三只松鼠。

 小讨论

有人说，新场景、新消费、新营销下，传统的产品命名方式过时了。谈谈你的看法。

二、品牌标志设计

优秀的品牌标志是彰显品牌理念和价值观的载体。品牌标志设计的原则有：在营销层面上，品牌标志能体现产品的特征和品质，成为企业的象征；在美学层面上，品牌标志的色彩搭配协调，线条搭配协调；在认知层面上，品牌标志通俗易懂、容易记忆，符合文化背景，具有时代感；在情感层面上，品牌标志能带来美的享受、丰富的联想，感染力强。

三、品牌形象设计

品牌形象是指企业或企业的某个品牌在市场上、社会公众心中的个性特征，它体现了社会公众对品牌的评价与认知。品牌形象设计的要点如下。

知识拓展

品牌——国家名片

1. 重视产品品质建设

品在前，牌在后，有品才有牌。品质是品牌的灵魂，是企业创名牌的根本，是使消费者产生信任感的最直接原因。品质是品牌大厦的根基。

2．重视企业品牌文化建设

所谓品牌文化，就是指文化特质在品牌中的沉积，是指品牌活动中的一切文化现象。文化与品牌联系密切，文化支撑着品牌的丰富内涵，品牌展示着其代表的独特文化魅力，二者相辅相成。深刻、丰富的文化内涵和价值观能够赋予品牌鲜明的个性，让品牌具有人格化魅力，往往能获得消费者的高度认同。

例如：南方黑芝麻糊与孔府家酒在短短几年就名震全国，得益于其"想家"与"故里"的"叶落归根"传统文化的影响；红豆集团把王维的《红豆》一诗演绎到衬衣产品中，把中国诗文化与思念的情文化赋予产品中，给产品带来深厚的文化底蕴。

3．重视品牌传播

品牌策略的核心在于传播。品牌的传播就是要对消费者需求有着深刻的理解，在合适的场景，向合适的消费者推送合适的内容，最终在消费者的心智中建立完善的品牌形象。从产品、包装到广告、促销、公关、企业形象展示等，都应视为品牌形象的传播并加以有效利用。

案例分析

故宫文创的
"网红"之路

📝 学以致用

以"弘扬本土文化，塑造中国品牌"为主旨，选取一款家乡的特色产品或老字号品牌进行品牌形象塑造。

活动3　运用品牌决策

一、品牌化决策

所谓品牌化决策，就是企业对其生产经营的产品是否采用品牌的决策。有使用品牌（即品牌化）和不使用品牌（即非品牌化）两种情况。

在激烈的市场竞争中，品牌化具有十分重要的意义。并非所有的产品都必须使用品牌，下列情况可以不使用品牌。

（1）同质性较好的产品，如铁、钢、煤等，一般无须实行品牌化。

（2）大多数未经加工的原料产品，如棉花、大豆等，大多是作为原料加工用，无须使用品牌。

（3）消费者已习惯不使用品牌的产品，如大米、面粉、食用油等。

（4）某些生产比较简单、选择性不大的小产品。

（5）临时性、一次性出售的产品。

二、品牌使用者决策

品牌使用者决策是指企业决定使用本企业（制造商）的品牌，还是使用经销商的品牌，或两种品牌同时兼用。

在制造商具有良好的市场声誉、拥有较大市场份额的条件下，企业应多使用制造商品牌。相反，当经销商品牌在某一市场领域中拥有良好的品牌信誉及庞大的、完善的销售体系时，利用经销商品牌可增强对价格、供货时间等方面的控制能力。因此，进行品牌使用者决策时，企业要结合具体情况，充分考虑制造商与经销商的实力对比，客观地做出决策。

三、家族品牌决策

（1）使用统一品牌。使用统一品牌即企业产品组合采用同一个品牌名称，例如美的、长虹、联想等。其优点如下：使用统一品牌可以降低营销费用；大批产品采用同一品牌可以显示企业实力，提高企业声誉；统一品牌下的各种产品可以互相获得支持，利于市场推广。但是，使用统一品牌营销风险较大。

（2）使用个别品牌。企业对各产品项目分别使用不同品牌。其优点如下：使用个别品牌可以适应不同的消费需求；企业声誉不受单个产品的影响；不同档次的产品严格区分开，便于消费者选择。但是，企业需要为每一种产品做广告宣传，费用较高，难以树立企业的整体形象。

（3）使用分类品牌。在产品组合中，企业对产品项目依据一定的标准进行分类，并分别使用不同品牌。

（4）使用主副品牌。企业使用主副品牌，通常是在主品牌后加上一个能反映产品特性的副品牌，以副品牌来突出产品的个性形象。

四、多品牌决策

多品牌决策是指企业对同一类产品使用两个或两个以上的品牌名称，并给予它们各自的定位，以占领特定的细分市场。实行多品牌策略有助于抢占更多的货架面积，多争取"品牌转换者"，使企业多拥有几个不同的细分市场，把竞争机制引进企业内部，使各品牌之间相互竞争。

企业在运用多品牌策略时，要注意各品牌市场份额的大小变化趋势，适时撤销市场占有率过低的品牌，以免造成自身品牌过度竞争。

五、品牌延伸决策

品牌延伸决策指企业利用已经经营成功的品牌来推出改良产品或新产品。

使用著名的品牌可以使新产品容易被识别，从而得到消费者的认同，提高消费者的接受程度，还可以节省有关的新产品促销费用。但这种策略也有一定的风险，新产品如果失败，容易损害原有品牌在消费者心目中的形象。

六、品牌创新决策

品牌创新就是以科学的品牌战略使品牌的内涵和外延得以延伸，从而保持品牌长盛不衰。企业应持续地观察并适时调整品牌策略与品牌形象，以适应市场环境、消费需求的变化。

企业自身发展到一定规模，原有的定位或者形象不能真正展现品牌的价值与内涵时，就必须进行品牌重塑。品牌重塑不仅仅是更换标志、包装那么简单，而是一个系统工程，需要企业在各个方面做好充分的准备与配合。

案例分析

"大白兔"缘何变脸？

✍ **学以致用**

阳光蔬果有限公司计划通过推出新产品打造一个"助农兴农，绿色生态"的品牌形象，请你帮助该公司设计品牌名称、品牌标志，以及品牌推广方案。

任务5 制定包装策略

👤 活动1 理解包装的内涵

一、包装的含义

包装通常是指产品的容器或包装物及其设计装潢。包装被称为"无声的推销员"，是品牌视觉形象设计的一个重要组成部分。在市场营销活动中，对产品进行适度包装是包装设计的基本要求。

案例分析

农夫山泉为什么要如此重视包装？

二、产品包装的要素

产品包装不是漂亮就能解决问题的，当我们把产品的概念和卖点提炼出来后，要让包装自己来说话，把产品的诉求提炼成产品概念的核心视觉。产品包装主要包括以下几个要素。

（1）包装的形状与结构。包装的形状与结构要做到结构合理、方便运输、节省包装材料和仓储费用。

（2）包装的图案。包装的图案要突出产品特色，正确表达包装主题。

（3）包装的文字。包装的文字要做到精练鲜明、便于识别记忆。将产品的差异点或由差异点提炼的广告语写在包装上，在包装的背面将产品的功效或利益点叙述清楚。

（4）包装的色彩。注意包装色彩的搭配，以奇取胜。通过颜色和字体来和消费者的某种需求达成共振，从而激发消费者的购买欲。

（5）包装标签。包装标签指附着或系挂在产品包装上的文字、图形、雕刻及印制的说明，包括制造者或销售者的名称和地址、产品名称、商标、成分、品质特点、包装内产品数量、使用方法及用量、编号、储藏应注意的事项、质检号等内容。

三、包装的基本要求

知识拓展

拒绝过度包装

（1）包装要起到保护产品的作用。

（2）包装要便于产品的使用、销售、储存和运输。

（3）包装要有助于降低产品的生产成本和营销成本。

（4）包装与产品的价值和质量水平相匹配。

（5）包装的设计应入乡随俗，符合法规。

（6）包装材料要节能环保。

学以致用

分析江小白产品包装（见图7-4）的创意点，领会产品包装是品牌传播的先行军。

图7-4　产品包装

👤 活动2　掌握包装策略

一个设计良好的包装，以一种物化的形式体现着一个企业的营销策略。企业通常根据不同的市场营销要素而采取相应的包装策略，主要的包装策略包括如下几种。

一、类似包装策略

类似包装策略是指企业生产经营的所有产品，在包装外形上都采取相同或相近的图案、色彩等共同的特征，使消费者通过类似的包装联想起这些产品是同一企业的产品，具有同样的质量水平。该包装策略不仅可以节省包装设计成本，树立企业整体形象，扩大企业影响力，进而带动新产品的销售。它适用于质量水平相近的产品。

二、等级包装策略

等级包装策略是指企业对自己生产经营的不同质量等级的产品分别设计和使用不同的包装，使包装质量与产品质量等级相匹配，适应不同需求层次的消费心理，便于消费者识别、选购产品，从而扩大销售面。该包装策略的实施成本高于类似包装策略。

三、分类包装策略

分类包装策略是根据消费者购买目的的不同，对同一产品采用不同的包装。例如，作为礼品赠送亲友的产品，可精致包装；消费者自己使用的产品，则可简单包装。分类包装策略的优点与等级包装策略相同。

四、配套包装策略

配套包装策略是指企业将几种有关联性的产品组合在同一包装物内的做法。这种包装策略不仅能够节约交易时间，便于消费者购买、携带与使用，有利于扩大产品销售，还能够在将新旧产品组合在一起时，使新产品顺利进入市场。

五、再使用包装策略

再使用包装策略也称双重用途包装策略，指包装物在被包装的产品消费完毕后还能移作他用的策略。这种包装策略增加了包装的用途，可以刺激消费者的购买欲望，有利于扩大产品销售，带有产品的包装物在再使用过程中也能起到延伸宣传作用。

六、附赠品包装策略

附赠品包装策略是指在包装物内附有赠品，以引起消费者的购买兴趣。包装物中的附赠品可以是玩具、图片，也可以是奖券。该包装策略对儿童和青少年以及低收入者比较有效。这也是一种有效的营业推广方式。

七、更新包装策略

更新包装策略是指改变原来的包装，是企业包装策略随着市场需求的变化而改变的做法。

项目实施

一、产品整体概念与产品组合策略

实训目的：

（1）能运用产品整体概念的理念指导企业的营销实践。

（2）能进行产品组合策略分析。

实训内容：

针对阳光蔬果有限公司的具体情况，运用产品整体概念的理念，科学地设计产品组合策略，不断提高产品销量，更好地助力企业发展。

实训步骤：

（1）选择该公司的任一农副加工产品，指出该产品的五个层次。

（2）分析该公司所经营的产品组合所属的类型。

（3）分析该公司产品组合的现状、优势及劣势，规划新的产品组合策略。

（4）撰写分析报告，提出改进措施和建议。

实训考核：

考核分析报告的撰写质量（占70%），考核个人在实训过程中的表现（占30%）。

二、产品生命周期分析

实训目的：

运用产品生命周期理论，为阳光蔬果有限公司打造爆款产品。

实训内容：

分析产品生命周期不同阶段的特点及营销对策。

实训步骤：

（1）选择阳光蔬果公司某爆款产品。

（2）按产品生命周期对该产品进行分析，并填写表7-4。

表7-4 产品生命周期分析

类别	投入期	成长期	成熟期	衰退期
销量				
销售速度				
销售增长				

续表

类别	投入期	成长期	成熟期	衰退期
利润				
市场竞争				
营销目标				
营销对策				

实训考核：

考核产品生命周期的分析深度和广度（占70%），考核个人在实训过程中的表现（占30%）。

三、制定新产品推广策略

实训目的：

（1）明确新产品推广的思路。

（2）初步进行新产品上市推广策划。

实训内容：

阳光蔬果有限公司开发出一种新型的健康零食果蔬脆。假如你是市场部小李，任务是广泛调查新产品的市场需求情况，进行新产品的开发和推广。请为阳光蔬果有限公司新推出的健康休闲食品制定推广策略。

实训步骤：

（1）确定所推广的市场，通过不同渠道收集相关资料。

（2）制定新产品推广策略，并制作PPT。

（3）交流与评价。每组成员分工就所撰写的新产品推广策略进行陈述。

实训考核：

（1）考核新产品推广策略，从创意、可行性、完整性等方面进行考核（占70%）。

（2）考核个人在实训过程中的表现（占30%）。

四、制定包装策略

实训目的：

能初步进行包装策划。

实训内容：

请你结合前期的调研，根据目标消费群体和产品的特点为阳光蔬果有限公司新推出的果蔬脆产品设计包装，并进行包装文案策划。

实训步骤：

（1）对新推出的果蔬脆产品开展市场调查，明确包装的形式、材质、尺寸等基本情况。根据调查与分析，提出相应的改进策略。

（2）设计新产品包装文案。

（3）撰写研究小结。

（4）交流与评价。

实训考核：

（1）考核包装策略，可从创意、可行性、完整性等方面进行考核（占70%）。

（2）考核个人在实训过程中的表现（占30%）。

项目总结

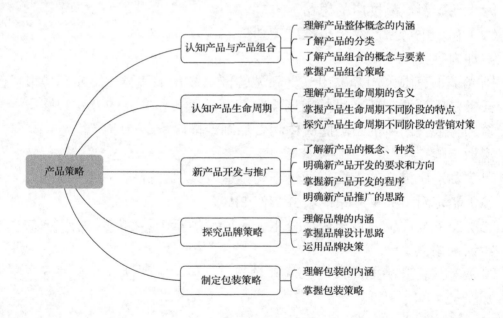

习题

一、选择题

1. 品质、包装和品牌等属于产品整体概念中的（　　　）产品。

　A. 核心　　　　　B. 延伸　　　　　C. 形式　　　　　D. 潜在

2. 提供贷款、免费送货、保证、安装、售后服务等属于（　　　）产品。

　　A. 核心　　　　　B. 延伸　　　　　C. 形式　　　　　D. 潜在

3. 按产品的耐用性和有形性划分，产品可分为几大类，其中，在正常情况下使用年限较长的物品叫作（　　　）。

　　　A. 耐用品　　　　B. 非耐用品　　　C. 服务　　　　D. 便利品

4. 对于具有独特品质、特色或拥有著名商标的产品，消费者习惯上愿意多花时间和精力去购买，则该类消费品属于（　　　）。

　　　A. 便利品　　　　B. 选购品　　　　C. 特殊品　　　D. 非渴求物品

5. 像肥皂、洗发水等消费者频繁购买或需要随时购买，并且只花费最少精力和时间去比较的消费品属于（　　　）。

　　　A. 便利品　　　　B. 选购品　　　　C. 特殊品　　　D. 非渴求物品

6. 产品刚刚投放市场，销售速度缓慢，这个阶段属于产品生命周期的（　　　）。

　　　A. 投入期　　　　B. 衰退期　　　　C. 成熟期　　　D. 成长期

7. 购买者多，但销售速度减慢，利润在高峰后逐渐下降，该产品处于生命周期中的（　　　）。

　　　A. 投入期　　　　B. 成长期　　　　C. 成熟期　　　D. 衰退期

8. 产品组合包含的4个要素是（　　　）。

　　A. 宽度　　　　　B. 长度　　　　　C. 深度　　　　　D. 关联度

二、名词解释

产品组合　产品线　产品项目　产品生命周期

三、简答题

1. 产品整体概念的内涵包括哪些？
2. 产品组合的宽度、长度、深度及关联度的含义分别是什么？
3. 简述产品生命周期不同阶段的特点与营销对策。
4. 品牌决策包括哪几个方面？
5. 主要的包装策略有哪几种？
6. 新产品开发通常需要经历哪几个阶段？

四、案例分析

利用学过的理论知识结合实际，分析并评述农夫果园的产品策略。

案例分析

农夫果园产品策略

项目 8

定价策略

情境导入

　　阳光蔬果有限公司作为一家主营新鲜蔬菜和时令鲜果的配送公司，近一段时间由于社区团购、盒马鲜生等新兴模式的影响，销量不断下降。经过初步的调研分析，公司认为自己的产品价格相较于线上模式略高，在市场中不具有优势。为了提高销量，公司运营主管建议下调价格，以吸引消费者。但是公司经理认为，虽然下调价格能够增加销量，但是一味低价也会影响利润。于是，如何为产品确定合理且有竞争力的价格成为关键。那么确定价格需要从哪些方面入手？如何有效分析影响产品定价的主要因素？如何运用定价的方法，科学地确定产品价格？

学习目标

1．了解影响产品定价的主要因素。
2．掌握产品定价的方法与步骤。
3．掌握产品的定价策略。
4．能分析影响产品定价的因素，初步进行价格策划。
5．能灵活运用各种定价策略。
6．树立成本意识与合法经营的理念。
7．培养诚实守信、合理定价的意识。

任务1 分析影响产品定价的主要因素

活动1 了解影响产品定价的内部因素

定价策略是企业营销组合的重要因素之一，它直接决定着企业市场份额的大小和盈利率的高低。产品定价受内部因素的影响，也受外部因素的影响。影响产品定价的内部因素有以下几种。

一、营销目标

产品的定价要遵循市场规律，讲究定价策略，而定价策略又是以企业的营销目标为转移的，不同的营销目标决定了不同的定价策略和不同的定价方法。同时，定价策略作为企业实现经营目标的手段，直接影响企业的经营成效，其具体表现在不同的价格水平会对企业的利润、销售额和市场占有率产生不同的影响。

营销目标一般分为以下几个。

（1）维持生存。当企业产量过剩、面临激烈竞争，或者试图改变消费需求时，企业需要把维持生存作为主要目标。

（2）追求利润。利润目标又分为两种，一种是以追求最大利润为目标，另一种是以获取适度利润为目标。

（3）市场占有率。通过产品定价从竞争对手那里夺取市场份额，以达到扩大企业销售市场乃至控制整个市场的目标。

（4）稳定价格。通过产品定价来左右整个市场的产品价格，避免不必要的价格波动，减少企业间因价格竞争而发生的损失。

（5）维持企业形象。从长远发展战略来看，维持企业形象是企业经营活动中最宝贵的资源。

二、成本费用

产品成本是企业制定产品价格时的最低界限，即所谓成本价格。产品成本低的企业拥有制定价格和调整价格的主动权和较好的经济效益。产品的成本因素主要包括生产成本、销售成本、储运成本和机会成本。

三、产品的特点

产品的自身属性、特点等方面因素是企业制定产品价格时必须考虑的因素。

（1）产品种类。不同的产品种类对产品价格有不同的要求。例如，对于功能性产品，消费者着重考虑其实用价值和功能是否与价格相符；对于奢侈品，消费者较少考虑其价格与效用是否适应，而注重其地位和威望的显示。

（2）产品的标准化程度。标准化程度高的产品价格变动的可能性一般低于非标准化或标准化程度较低的产品。标准化程度高的产品的价格变动如不妥，很可能引发行业内的价格恶性竞争。

（3）产品的易腐、易毁和季节性。易腐、易毁、季节性的产品价格变动的可能性比较大。

（4）产品的时尚性。时尚性较强的产品的价格变化较显著。一般在流行高峰阶段，产品价格应定高一些。当流行高峰过后，企业应及时采取适当的价格调整策略。

四、企业状况

每个企业的规模、财务状况、经销指标不同，所以企业的价值取向也有所不同。对于追求利润型企业来讲，高价格是企业选择产品定价的方向；而对于追求市场份额的企业来讲，中低价格定位是企业选择产品定价的方向。同时，企业需要根据自身状况，综合考虑品牌、市场地位、推广费用、渠道建设情况、产品的包装、产品规格等因素，然后制定产品价格。

五、营销组合战略

由于价格是市场营销组合因素之一，产品定价时要注意价格策略与产品的整体设计、分销和促销策略相匹配，形成一个协调的营销组合。如果产品是根据非价格图表来定位的，那么有关质量、促销和销售的决策就会极大地影响价格；如果价格是一个重要的定位因素，那么价格就会极大地影响市场营销组合因素的决策。因此，企业在定价时必须考虑到整个营销组合，不能脱离其他营销组合而单独决定。

👤 活动2　明确影响产品定价的外部因素

影响产品定价的主要外部因素有以下几种。

一、市场需求

1．供求关系

产品供给和需求之间是相互联系、相互制约的关系。供求关系的状态有3种：供不应求、供大于求、供求均衡。在某一时间段内，当生产部门生产的产品总额即产品供给大于（超出）消费者所需要的产品总额时，市场就成了买方市场，买方处于主动地位；反之，产品供给小于消费需求时，市场就成了卖方市场，卖方处于有利地位。当产品供给刚好满足消费需求时，就呈现了一种理想的对等状态，这种状态下，双方的关系是相对和谐、稳定的。保持良好的供求关系也是社会经济发展的目标之一。

2．需求弹性

需求弹性体现在以下3个方面。

（1）需求的收入弹性。需求的收入弹性是指因收入变动而引起的需求的相应的变动率。劣等品的需求收入弹性为负值，必需品的需求收入弹性大于零而小于1，奢侈品的需求收入弹性大于1。例如：不管收入如何变化，食盐的需求几乎不会发生变化，故而其需求收入弹性小；当消费者收入水平提高时，一些高档产品的需求就会增加，反之，需求就会减少。

（2）需求的价格弹性。价格会影响市场需求。在正常情况下，市场需求会按照和价格相反的方向变动。价格提高，市场需求就会减少；价格降低，市场需求就会增加。需求的价格弹性反映需求量对价格的敏感程度，以需求变动的百分比与价格变动的百分比的比值来计算，亦即价格变动百分之一会使需求变动百分之几。

（3）需求的交叉弹性。产品线中的某个产品项目很可能是其他产品的替代品或互补品，同时，一项产品的价格变动往往会影响其他产品项目销量的变动，两者之间存在着需求的交叉弹性。需求的交叉弹性可以是正值也可以是负值。如为正值，则此两项产品为替代品。如为负值，则此两项产品为互补品。

二、市场竞争状况

市场竞争状况是影响产品定价不可忽视的因素，企业必须考虑比竞争者更为有利的定价策略。企业为产品定价时必须考虑竞争者的定价目标及主要策略。企业可以从各种公开发布的财务资料或其他资料中，或者从以购物者身份索要的价目表中了解竞争者的产品价格，以使本企业的价格制定更主动。

三、其他相关因素

产品的定价策略除受上述因素的影响外，还受到其他多种因素的影响。这些因素包括一个国家或地区的经济条件（如经济周期、通货膨胀、利率等）、政府或行业组织的干预（如法律法规的制定、行规的出台）、消费者心理等。

案例分析

分析我国酒店定价的影响因素

消费者在选择酒店时往往会考虑酒店客房的价格。我国酒店由于品牌的快速扩展、新品牌的层出不穷，竞争日益激烈。酒店虽然有定价自主权，可以寻求最合适的价格，谋取最大的经济利益，但是在制定价格时也受到很多因素的制约。请你试着分析酒店定价的影响因素。

1. 搜集网络资料，了解我国酒店的定价状况。
2. 请根据定价状况，试着分析其影响因素。
3. 如果你是酒店负责人，你认为应该怎样制定自己酒店的价格呢？

任务2 学习定价的方法与步骤

活动1 明确定价的方法

企业制定产品价格时必须综合考虑成本、竞争和顾客需求等要素，结合企业的目标来选取合适的定价方法。一个合理的价格不仅可以帮助企业迅速获得利润，还能帮助企业在竞争中取得优势。企业常用的定价方法主要有以下3种。

一、成本导向定价法

成本导向定价法是以企业的生产或经营成本作为制定价格依据的基本定价方法。按照成本定价性质的不同，成本导向定价法又可分为以下几种。

（1）完全成本定价法，是以全部成本作为定价的基础，再加上按目标利润率计算的利润额，即得出价格。

（2）目标成本定价法，是指先确定产品的目标售价和目标利润，得出目标成本，再对成本进行管控，管控的阶段是从产品设计阶段到生产销售、售后服务的整个过程。例如，20世纪60年代，日本丰田就是靠成本控制的管理模式打败了德国豪华型轿车。

（3）变动成本定价法，是指企业以成本性态（分为固定成本、变动成本、混合成本）分析为前提条件，仅将生产过程中消耗的变动成本作为产品成本的构成内容，而将固定生产成本和非生产成本作为期间成本，直接由当期收益予以补偿的一种成本管理方法。该方法适用于那些作业保持相对稳定、规模大的企业，其产品或服务种类多，固定成本比重较大，但是固定成本分摊存在困难，产品更新速度较快的情况。

二、需求导向定价法

需求导向定价法是指以消费者对产品价格的接受能力和需求程度为依据制定价格的方法。需求导向定价法具体可分为以下几种。

1．可销价格倒推法

可销价格倒推法又称反向定价法，是指企业根据产品的市场需求状况，通过价格预测和试销、评估，先确定消费者可以接受和理解的零售价格，然后倒推批发价格和出厂价格的定价方法。

2．理解价值定价法

理解价值定价法是指企业以消费者对产品价值的理解为定价依据，运用各种营销策略和手段影响消费者对产品价值的认知，形成对企业有利的价值观念，再根据产品在消费者心目中的价值地位来制定价格的方法。

3．需求差异定价法

需求差异定价法是指根据消费者对同种产品或服务的不同需求强度制定不同的价格的方法。

小讨论

市场需求决定了价格制定的上限。若为某一产品制定价格，只有知道消费者对于此类产品通常最高能接受多高的价格，才能根据消费者的期望值来设置价格的上限。请分析具体可通过哪些途径了解同类产品的价格。

三、竞争导向定价法

竞争导向定价法是指以市场上竞争者的价格作为制定企业同类产品价格主要依据的方法。这种方法适宜于市场竞争激烈、供求变化不大的产品。它具有在价格上排斥竞争对手、扩大市场占有率、迫使企业在竞争中努力推广新技术等优点。

竞争导向定价法一般可具体分为以下几种。

（1）随行就市定价法，是一种"随大流"的定价方法，主要适用于需求弹性较小或供求基本平衡的产品。它是同质产品市场惯用的定价方法。

（2）竞争价格定价法，是企业将竞争对手的价格作为自己产品定价主要依据的方法，也称为"盯价策略"。

（3）投标定价法，是指事先没有定价，由买方公开招标，卖方竞争投标，一次性密封递价，到期当众开标的定价方法。

✎ 学以致用

在"网红"主播的直播间，买到的产品价格比其他平台低，或者同样的价格能获得更多的赠品。这采用的是哪种定价方法？

🗣 案例分析

"安静的小狗"闹市场

"安静的小狗"是一个皮鞋品牌，它刚上市时，公司为了给其定价，采取了一种独特的试销方法，先把 100 双鞋无偿送给 100 位顾客试穿 8 周。8 周后，公司派人收回鞋子，如果顾客想留下鞋子，每双需付 5 美元。结果，绝大多数试穿者把鞋子留下了。公司根据试销的反馈，开始生产销售，以每双 7.5 美元的价格销售了几万双皮鞋。

思考："安静的小狗"运用了哪种定价方法？

👤 活动2　掌握定价的步骤

一、分析定价环境

定价环境是指作用于企业生产经营活动的一切外界因素和力量的总和，包括经济环境、市场环境和企业经营环境等。对这些环境进行认真分析和研究是制定价格策略的基本要求。

二、确定定价目标

定价目标是企业在价格制定时有意识要达到的目的。定价目标是企业经营目标在价格策划中的表现，它是价格策划方案首先要解决的问题。

三、制定定价方案

定价方案是价格策划内容的具体体现，一般包括成本估计、需求测算及竞争者的价格、产品分析等内容。

四、选择方案

企业根据自身规模、营运能力和产品的特点，选择符合自己发展目标的价格策划方案。

五、方案的实施与反馈

确定方案后，企业可以选择在小范围内使用，例如在某一个区域选择几百人或几千人进行价格的试点，如果反馈较好，则可以确定方案，并进一步大范围地使用。如果反馈较差，则要重新分析每个环节，思考问题所在，重新制定方案，再选择小范围的试点，为企业找到最优的价格方案。

 小讨论

　　阳光蔬果有限公司新推出一款果蔬脆产品，需要设计一个科学合理的定价方案。定价方案中需要体现哪些内容？

任务3　选择定价策略

活动1　新产品定价策略

新产品定价策略是企业新产品开发中的重要组成部分。新产品价格适当与否关系到新产品能否顺利进入市场、打开销路以至取得较好的经济效益。营销有一个基本规律：高价上市，先难后易；低价上市，先易后难。新产品上市的价格往往不是用于销售的，而是用于产品定位，价格传递的信息本身就是一种定位。常见的新产品定价策略主要有3种，即撇脂定价策略、渗透定价策略和满意定价策略。

一、撇脂定价策略

新产品上市之初，将其价格定得较高，以便在短期内获取丰厚的利润，迅速收回投资的成本，减少经营风险，待竞争者进入市场，再按正常的价格水平定价。这一定价策略如从鲜奶中撇取其中所含的奶油一样，取其精华，所以称为撇脂定价策略。

撇脂定价策略的目的是在新产品上市之初立即赚取丰厚的市场营销利润，以追求短期利润最大化，获取高额利润，以迅速收回投资成本和弥补产品的研究和开发费用，增强企业产品的高档品形象定位，以确立企业的优势竞争地位，掌握调价主动权。

1．适用条件

一般来说，采用撇脂定价策略必须具备以下3个基本条件。

（1）产品新颖，具有较明显的质量、性能优势，并且有较大的市场需求量。

（2）市场有足够的购买者，他们的需求缺乏弹性，即使把价格定得很高，市场需求也不会大量减少。

（3）产品具有特色，在短期内竞争者无法仿制或推出类似产品。

2．优点和缺点

优点：企业能够在短期内获得高额利润，尽快收回投资成本，并掌握降低价格的主动权。

缺点：市场风险大，容易吸引竞争者加入；若消费者不接受产品，会导致产品积压，造成亏损。

因此，企业采用撇脂定价策略前，要对市场需求有较准确的预测。企业采用这种定价策略需要抓住购买者求新、求奇的心理，但这种高价并不能长久，企业一般会随着产量的扩大、成本的下降、竞争者的增多而逐步降低产品价格。

一般而言，全新产品、受专利保护的产品、需求的价格弹性小的产品、流行产品、未来市场形势难以测定的产品等，可以采用撇脂定价策略。

案例分析

某罐头厂生产橘子罐头，剩下的橘皮以0.18元/千克的价格送往药品收购站销售依然困难。难道橘皮只能入中药做成陈皮才有用？经过研究，该罐头厂开发出"珍珠陈皮"小食品，该食品具有养颜、保持身体苗条的功能。以何种价格出售这一产品？该罐头厂经市场调查发现：妇女、儿童尤其喜欢吃零食，在此方面不吝花钱，但惧怕吃零食导致肥胖，而"珍珠陈皮"正好可解其后顾之忧，且市场上尚无同类产品。于是他们果断决定每15克袋装售价1元，约66元/千克。投放市场后，该产品销售火爆。

思考：该罐头厂采用了哪种定价策略？为何采用这种定价策略？若低价销售，该罐头厂是否能获得与高价销售同样多甚至更多的利润？

二、渗透定价策略

渗透定价策略是一种与撇脂定价相反的定价策略，即企业在新产品上市之初将其价格定得较低，吸引大量的购买者，借以打开产品销路，扩大市场占有率，谋求较长时期的市场领先地位。

渗透定价策略的直接目的是获得最高的销量和最大的市场占有率。渗透定价策略形象反映了企业快速占领市场的目标和行为。

1．适用条件

一般来说，采用渗透定价策略必须具备两个基本条件：一是新产品的需求价格弹性较大，二是新产品存在着规模经济效益。

2．优点和缺点

优点：低价可以使产品迅速为市场所接受，并借助大批量销售来降低成本，获得长期稳定的市场地位；微利可以阻止竞争对手的进入，减缓竞争，产品获得一定的市场优势。

缺点：企业获利较少，投资回收期较长，后期再调整价格较难，一旦给消费者留下低端品牌的形象，就很难再改变。

企业采用渗透定价策略一般是针对新技术已经公开、竞争者纷纷仿效生产的产品，或者需求弹性较大，市场上已有替代品的中高档消费品。例如，蜜雪冰城使用的就是渗透定价策略，主攻下沉市场。

三、满意定价策略

满意定价策略又称为适中定价策略，指在新产品投放市场的初期，将价格定在介于高价和低价之间，使企业能够获得适当的利润，同时也使消费者感到合理，这是一种折中价格策略。

1．适用条件

一般来说，满意定价策略适用于需求的价格弹性较小的日用品和主要的生产资料。

2．优点和缺点

优点：产品能较快为市场所接受且不会引起竞争对手的对抗；可以适当延长产品的生命周期；有利于企业树立信誉，稳步调价并使消费者满意。

缺点：满意定价策略很大程度上不具备前两种定价策略的优点。采用此定价策略最应注意的问题是要避免产品没有特色而打不开销路。

可见，在上市之初为新产品制定一个不高不低的适中价格存在一定的困难。通常的做法是：当新产品与老产品差别不大时，新产品的价格可参考老产品或替代品来制定价格，也可以通过对不同收入层次的划分，以中等收入水平为标准来制定价格，还可以选择以适当价格进行试销，而后进行调整，以确定价格定位。

综上所述，企业在给新产品定价时，需要综合考虑市场需求、竞争、产品特性、企业实力、价格弹性等因素，才能确定采取哪种策略。

小讨论

软籽猕猴桃是一款新型水果，备受广大消费者欢迎。阳光蔬果助农微店想以此为卖点吸引消费者的注意，增加客流量。请你帮助阳光蔬果助农微店制定这款产品的价格，制定时可以使用哪些定价策略？

活动2　产品组合定价策略

产品组合定价是指企业为了实现整个产品组合（或整体）的利润最大化，在充分考虑不同产品之间的关系，以及个别产品定价高低对企业总利润的影响等因素的基础上，系统地调整产品组合中相关产品的价格。产品组合定价策略主要有以下几种。

一、产品线定价

产品线定价又称产品大类定价，是指企业为追求整体收益的最大化，为同一产品线中不同的产品确立不同的角色，制定高低不等的价格。若产品线中的两个前后连接的产品之间价格差额小，顾客就会购买先进的产品，此时若两个产品的成本差额小于价格差额，企业的利润就会增加；若价格差额大，顾客就会更多地购买较差的产品。产品线定价策略的关键在于合理地确定价格差距。

二、任选品定价

任选品是指与主要产品密切相关的可任意选择的产品。例如，饭菜是主要产品，饮料为任选品。不同的饭店定价策略不同，有的可能把饮料的价格定得高，把饭菜的价格定得低；有的把饭菜的价格定得高，把饮料的价格定得低。

三、连带品定价

连带品又称互补品，是指必须与主要产品一同使用的产品。例如，消毒液是隐形眼镜的连带品。许多企业往往是将主要产品（价值高的产品）的价格定得较低，连带品的定得较高，这样有利于整体销量的增加，增加企业利润。

四、分级定价

分级定价又称分部定价、两段定价。服务性企业经常收取一笔固定的费用，再加上可变的使用费。例如，游乐园一般收门票，个别游玩的项目需要再交费。

五、副产品定价

在生产加工肉类、石油产品和其他化工产品的过程中，经常会附带生产或进一步加工生产副产品，即非主要产品。如果副产品价格过低，处理费用昂贵，就会影响主产品的定价。制造商确定的价格必须能够弥补副产品的处理费用。如果副产品对某一顾客群有价值，就应该按其价值定价。副产品如果能带来收入，将有助于制造商在迫于竞争压力时制定较低的价格。

六、产品捆绑定价

产品捆绑定价又称组合产品定价，是指企业将多个产品捆绑在一起，以优惠的价格出售，以此来推动顾客购买。产品捆绑的价格低于单个产品价格的总和。这种定价策略可以提高产品销量和顾客忠诚度。

学以致用

某超市在进行蔬菜、水果销售时，对一部分新鲜蔬果进行分级、整理、挑选、清洗、切分、保鲜和包装等一系列处理，做成净菜，以满足中高档消费需求，另一部分未处理的蔬果则低价卖出。

该超市实行的是什么定价策略，你认为该定价策略合适吗？为什么？

活动3　心理定价策略

由于消费者的心理偏好、心理需求等不同，企业可以根据消费者的心理特点，迎合其心理需求定价。一般来说，企业常用的心理定价策略有以下几种。

一、尾数或整数定价

定价时保留小数点后的尾数，使消费者产生价格较低廉的感觉，还能给消费者留下定价认真的印象，从而使消费者对定价产生信任感。这种定价策略多用于需求弹性较大的中低档产品。

二、招徕定价

招徕定价是利用部分消费者的求廉心理，特意将某几种产品的价格定得较低以吸引消费者。例如，某些超市随机推出降价产品，每天、每时都有一两种产品降价出售，吸引消费者经常来采购廉价产品，也因此推动正常价格产品的销售。

三、声望定价

声望定价是指企业利用消费者仰慕名牌产品或名店的心理来制定产品的价格，故意把价格定成整数或高价。质量不易鉴别的产品的定价最适宜采用此法，因为消费者有崇尚名牌的心理，往往以价格判断质量，认为高价代表高质量。但企业也不能将产品价格定得过高，使消费者不能接受。

四、习惯定价

有些产品在长期的市场交换过程中已经形成了为消费者所适应的价格，成为习惯价格。企业对这类产品进行定价时要充分考虑消费者的习惯倾向，采用"习惯成自然"的定价策略。对消费者已经习惯了的价格，不宜轻易变动。

> **学以致用**
>
> 某家日用杂货店进了一批货，以1元/件的价格销售，可购买者并不踊跃。无奈杂货店只好决定降价，考虑到进货成本，只降了两分钱，价格变成0.98元/件，没想到购买者络绎不绝，货物很快销售一空。
>
> 该杂货店采用了哪种类型的定价策略？你还能想到哪些生活中的例子？请试着说一说。

活动4　折扣定价策略

为了鼓励顾客及早付清货款、大量购买、淡季购买，企业酌情降低产品的基本价格，这种价格调整方式叫做折扣定价。折扣定价策略主要有以下几种。

一、现金折扣

现金折扣是企业为了鼓励购货方早日付清货款而给予的价格扣除。例如，顾客在30天内必须付清货款，如果10天内付清货款，则给予2%的折扣。

二、数量折扣

数量折扣是企业给那些大量购买某种产品的顾客的一种减价，以鼓励顾客购买更多的产品。

三、功能折扣

功能折扣又叫贸易折扣，是制造商给某些批发商或零售商的一种额外折扣，促使他们愿意执行推销、储存、服务等市场营销功能。

四、季节折扣

季节折扣也称季节差价，是指企业对购买非当前使用的产品或服务的顾客提供的一种折扣。

学以致用

一家奶茶店由于地理位置偏僻，一直处于亏损状态。后来该奶茶店利用"一块秒表"反败为胜：凡是来消费的顾客只要在店门口的秒表上按到10秒就能免单，前后相差0.5秒打八折。在运营了一段时间后，这家奶茶店吸引了大量的顾客，很快就扭亏为盈。

请你根据所学，思考奶茶店运用了哪种定价策略？

活动5 地理定价策略

地理定价策略是一种根据产品销售地理位置不同而规定差别定价的策略。地理定价策略主要有以下几种。

一、产地定价策略

买方以产地价格或出厂价格为交货价格，卖方只负责将这种产品运到产地某种运输工具上交货，运杂费和运输风险全部由买方承担。这种做法适用于销路好、市场紧俏的产品，但不利于吸引路途较远的顾客。

二、统一交货定价策略

统一交货定价策略。也称邮资定价法，是指企业对不同地区的顾客实行统一的价格，即按出厂价加平均运费制定统一交货价。这种方法简便易行，但实际上是由近处的顾客承担了部分远方顾客的运费，对近处的顾客不利，而比较受远方顾客的欢迎。

三、分区定价策略

分区定价策略介于前两者之间，企业把销售市场划分为远近不同的区域，各区域因运输距离差异而实行不同的价格，同区域内实行统一价格。

四、基点定价策略

企业在产品销售的地理范围内选择某些城市作为定价基点，然后按照出厂价加上基点城市到顾客所在地的运费来定价。这种情况下，运费是以各基点城市为界由买卖双方分担的。该定价策略适用于体积大、费用占成本比重较高、销售范围广、需求弹性小的产品。

五、津贴运费定价策略

津贴运费定价策略又称减免运费定价策略，指由企业承担部分或全部运输费用的定价策略。有些企业因为急于和某些地区做生意，负担部分或全部实际运费。采用这种定价策略有利于企业加深市场渗透。当市场竞争激烈，或急于打开新的市场时，企业常采取这种定价策略。

在市场营销实践中，企业需要考虑或利用灵活多变的定价策略，修正或调整产品的价格。

 小讨论

某网店全部商品免运费，但是不包括偏远地区。免运费的方式有很多，主要包括以下3种：一是满额包邮，例如一笔订单满100元即可免除运费；二是商品加价，即商品价格加上运费；三是配合物流企业打折，与物流企业合作，物流企业给予网店折扣支持。

根据所学，讨论该网店实行的是哪种定价策略，以及该定价策略有哪些优点和缺点。如果你是该网店的店主，你会如何选择？

案例分析

阅读材料，结合案例谈谈京东图书使用了哪些定价策略。

案例分析

京东图书的崛起

项目实施

一、新产品定价

实训目的：
能初步进行新产品上市定价策划。

实训内容：

为阳光蔬果有限公司新开发出的新型健康零食果蔬脆设计一个科学合理的定价方案。

实训步骤：

（1）各团队通过市场调研，收集分析竞争产品的相关资料，分析影响定价的因素，明确定价目标。

（2）设计定价方案。深入地了解产品的目标消费群体，抓住零食类产品定价的特点；选定定价方法，制定不同规格的产品价格，灵活地运用定价策略和技巧。

（3）方案沟通交流。

（4）分享与评价。

实训考核：

（1）从可行性、完整性、技巧性等方面进行定价方案的考核（占70%）。

（2）考核个人在实训过程中的表现（占30%）。

二、某品牌手机市场的价格评析

实训目的：

加深对各种定价方法及策略的理解，初步培养学生的价格分析能力。

实训内容：

价格是手机市场竞争的焦点，选择某一熟悉的手机品牌为调查对象，开展手机市场的价格状况调查。

（1）调查对象：本地手机专卖店、手机商店、百货商店手机柜、网上各类专卖店等。

（2）调查内容：某品牌手机的价格及其销售情况。

（3）调查方式：实地调查、上网调查、观察调查、深入访谈等。

实训步骤：

（1）各团队运用3种及以上的调查方法进行市场调研，收集并分析相关资料。

（2）团队进行讨论汇总、整理和归纳，并撰写被调查手机的价格策略分析报告。

（3）每个团队推选一名代表阐述本团队的观点。

实训考核：

考核分析报告的撰写质量（占70%），考核个人在实训过程中的表现（占30%）。

项目总结

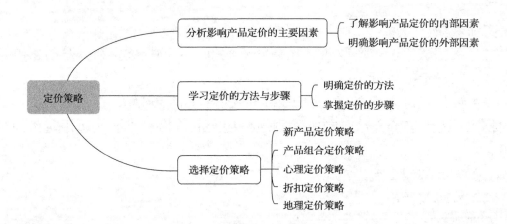

习题

一、选择题

1. 高铁票的二等、一等和商务票价格各不相同，其采用的定价策略是（　　）。

    A. 折扣定价策略　　　　　　B. 新产品定价策略

    C. 心理定价策略　　　　　　D. 产品组合定价策略

2. 同一件产品，长三角地区包邮，东北三省不包邮，其采用的定价策略是（　　）。

    A. 地理定价策略　　　　　　B. 新产品定价策略

    C. 心理定价策略　　　　　　D. 产品组合定价策略

3. 某件产品，商家会定价 9.98 元，而不是 9.94 元，其采用的定价策略是（　　）。

    A. 地理定价策略　　　　　　B. 新产品定价策略

    C. 心理定价策略　　　　　　D. 产品组合定价策略

4. 雷军说"小米硬件综合净利润率永远不会超过 5%"。由此可见，小米采用的是（　　）。

    A. 成本导向定价法　　　　　B. 购买者导向定价法

    C. 竞争导向定价法　　　　　D. 需求导向定价法

5. 美团单车等产品在上市初期采取低价销售或红包补贴的方式，以尽快占领市场。这属于新产品定价策略中的（　　　）。

    A. 撇脂定价策略   B. 渗透定价策略

    C. 高价策略   D. 低价策略

二、简答题

1. 影响产品定价的主要因素有哪些？

2. 企业常用的定价方法有哪些？

3. 新产品定价策略主要有哪几种？

4. 撇脂定价策略、渗透定价策略和满意定价策略的优点和缺点各有哪些？

三、案例分析

阅读小米的案例，思考：从小米的定价方法中，我们能够悟到什么？

案例分析

小米的3个价格锚点

项目 9
营销渠道策略

情境导入

阳光蔬果有限公司是一家主营新鲜蔬菜和时令鲜果的公司，经营范围涉及当地特色农产品及农产品初加工。经过一段时间的发展，公司凭借产品的物美价廉赢得当地消费者的口碑，规模也在不断扩大。目前公司除了零售，还向一些商超进行配货销售。为扩大市场份额，增加销售额，公司高层经过商讨，决定进一步扩大销售渠道，吸引更多的目标客户，提高品牌知名度。那么该公司应该如何设计营销渠道以拓宽产品销路？如何选择渠道成员？后续又该如何进行渠道的创新？

学习目标

1．明确营销渠道的含义、类型。
2．掌握营销渠道设计、管理的内容。
3．了解营销渠道的创新。
4．能够分析营销渠道的类型和系统结构。
5．能正确分析影响营销渠道设计的因素，恰当地选择中间商。
6．具备设计营销渠道的基本能力，能适应企业营销渠道管理工作的要求。
7．树立遵守营销渠道管理规范的职业操守。
8．培养良好的执行能力和协作能力。
9．培养诚实经营、守法经营的诚信意识。

任务1　认知营销渠道

活动1　了解营销渠道的含义

一、营销渠道的含义

渠道是什么？渠道是商品的流通路线，也是产品与消费者见面和发生交易关系的场景。渠道包括线上渠道和线下渠道，它承载着企业的物流、现金流、信息流。

案例分析

拥抱新零售
渠道新玩法

菲利普·科特勒认为："营销渠道是指某种货物或劳务从生产者向消费者移动时，取得这种货物或劳务所有权或帮助转移其所有权的所有企业或个人。"简单地说，营销渠道就是产品和服务从生产者向消费者转移过程的具体通道或路径。它主要包括商品中间商、代理中间商，以及处于渠道起点的生产者和终点的消费者。

二、营销渠道的特点

营销渠道主要有以下几个特点。
（1）营销渠道的起点是生产者，终点是消费者。
（2）营销渠道是一个由不同企业或人员构成的整体。
（3）前提是产品所有权的转移，并且所有权至少转移一次。

小讨论

上网查询资料，分析渠道分销专员、渠道经理的岗位职责及岗位要求。

活动2　明确营销渠道的功能

在产品和价格高度同质化的买方市场背景下，营销渠道成为企业制胜市场的关键，如果不能牢牢掌控营销渠道，企业就失去了生存发展的源泉和动力。营销渠道的功能主要有以下几个方面。

一、信息

营销渠道成员可以收集和传播有关潜在消费者和现实消费者、竞争对手和其他参与者的信息。

二、连接

营销渠道就像一座桥梁，它连接着消费者和生产者。

三、洽谈

营销渠道成员在实现产品所有权转移过程中要进行协商谈判，才能保证顺利成交。

四、促销

在营销过程中，营销渠道成员会针对产品与消费者进行良好的沟通，以促使消费者进行购买，促进销售的增长。

五、风险承担

营销渠道成员在产品流转过程中，由于大量集散产品，就必须承担产品供应变化、价格下跌等风险。

六、物流

营销渠道具有物流的功能，可以组织供应品的运输与储备，保证正常供货。

七、融资

营销渠道具有融资的功能，可以获得和分配资金以负担渠道各个层次存货所需的费用。

活动3　熟悉营销渠道的类型和系统结构

一、营销渠道的类型

营销人员需要了解各种类型的营销渠道，以便选择恰当的渠道策略，更好地实现产品销售。

1．直接渠道和间接渠道

直接渠道也叫零级渠道，是指生产者直接将产品供应给消费者或最终用户，没有中间商的参与。间接渠道是指生产者利用中间商将产品供应给消费者或最终用户，中间商参与产品交换活动。

2．长渠道与短渠道

根据产品在流通中经过的环节或层次的多少，营销渠道可以分为短渠道和长渠道。短渠道是指没有或只经过一个中间环节的渠道，主要包括一级、二级渠道。长渠道是指经过两个或两个以上的中间环节的渠道，即二级以上的渠道。

零级渠道：制造商—消费者。

一级渠道：制造商—零售商—消费者。

二级渠道：制造商—批发商—零售商—消费者。

三级渠道：制造商—代理商—批发商—零售商—消费者。

长渠道、短渠道各有自身的优点、缺点和适用范围，具体对比如表9-1所示。

表9-1　长渠道、短渠道的优点、缺点、适用范围对比

类别	优点	缺点	适用范围
长渠道	市场覆盖面广；可化渠道优势为自身优势；可减轻企业的费用压力	企业对渠道的控制程度较低，导致服务水平不一；产品价格一般较高，不利于市场竞争	一般消费品
短渠道	企业对渠道的控制程度较高	企业要承担大部分或全部渠道功能，必须具备足够的资源才可使用；市场覆盖面较窄	专用品、时尚品

3．宽渠道与窄渠道

宽渠道是指生产企业在同一流通环节中使用较多同类中间商的渠道。窄渠道是指生产企业在某个地区或某一产品分销过程中只选择少数同类中间商为自己销售产品的渠道形式。窄渠道一般适用于专业性很强或者贵重、耐用的消费品。

📝 学以致用

农产品销售渠道的长短和环节的多少受多种因素影响，如自然属性、市场状况、农产品销售及其服务能力等。请为阳光蔬果有限公司的苹果脆、山楂脯产品设计营销渠道。

二、现代营销渠道的系统结构

1. 垂直渠道系统

垂直渠道系统是指用一定的方式将营销渠道中的各环节成员联合起来，寻求共同目标下的协调行动，以促进营销活动整体效益的提高。垂直渠道系统结构如图 9-1 所示，这种纵向的营销渠道系统有以下 3 种形式。

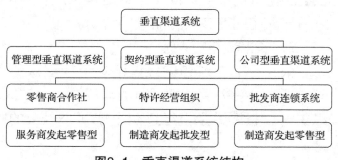

图9-1　垂直渠道系统结构

（1）管理型垂直渠道系统。渠道领袖往往在促销、库存管理、定价、产品陈列等方面与中间商协商一致，或予以帮助和指导，从而建立比较稳定、目标一致的协作关系。

（2）契约型垂直渠道系统。该系统由处在不同生产和营销层次的企业组成，它们通过订立合同联系在一起，从而获得比独自经营更好的经济效益。渠道成员通过订立契约来协调行动和管理冲突。

（3）公司型垂直渠道系统。渠道领袖依靠股权机制来控制渠道成员，使其统一按照公司的计划目标和管理要求进行营销。例如，格力拥有众多自建的零售网点。

2. 水平渠道系统

水平渠道系统是指处于同一层次而无关联的渠道成员为了充分利用各自的优势与资源而进行的横向联合。水平渠道系统结构如图 9-2 所示。

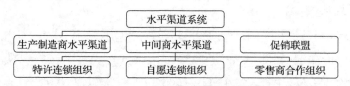

图9-2　水平渠道系统结构

（1）生产制造商水平渠道。该渠道是同一层次的生产企业共同组建和利用的营销渠道，或共同利用的服务及维修网、订货程序系统、物流系统、销售人员和场地等。

（2）中间商水平渠道。它的表现形式为连锁店中的特许连锁组织和自愿连锁组织、零售商合作组织等。它与契约型垂直渠道系统中的特许经营组织和零售商合作社没有区别，只是视角不同而已。

（3）促销联盟。促销联盟是指产品或业务相关联的多个企业共同开展促销活动或其他有助于扩大销售的活动。

3. 多渠道系统

多渠道系统是指企业同时利用数条营销渠道销售其产品的渠道系统。利用多渠道系统，企业可以增加市场的覆盖面，降低渠道成本，从而提高渠道效率。但是企业的渠道管理难度较大，易发生窜货现象。

4. 网络营销渠道

网络营销渠道是指利用网络系统实现产品和服务从生产者向消费者转移的具体通道或路径。完善的网络营销渠道应该有订货、结算和配送三大功能。互联网改变了传统的渠道体系，未来的渠道体系一定是线上线下共生的。传统的渠道体系有四大基本参与者：厂家（F）、经销商（B）、零售店（R）、消费者（C）。这四大参与者原来主要是纵向连接的，虽然也有跨环节的连接。电商平台的出现增加了3个电商渠道（F2B、F2R、F2C）和1个微商渠道。

> **学以致用**
>
> 通过查阅立白集团的营销渠道，分析立白集团的营销渠道的特点。网络时代，消费不断升级，洗化用品市场的竞争越来越激烈，你对立白集团的渠道建设有什么好的建议？

任务2 营销渠道的设计与管理

活动1 营销渠道的设计

建立有效的营销渠道是企业在激烈的市场竞争中脱颖而出，并持续、稳定发展的关键因素。营销渠道设计的步骤如图9-3所示。

一、确定营销渠道目标

渠道目标是营销目标的重要组成部分，它必须为营销目标服务，并与产品目标、价格目标、促销目标保持一致。营销渠道目标及策划要求如表9-2所示。

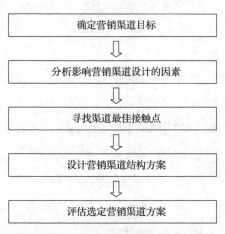

图9-3 营销渠道设计的步骤

表 9-2　营销渠道目标及策划要求

营销渠道目标	策划要求
销售顺畅	营销渠道的基本要求
市场份额	追求网络覆盖率和产品铺货率，全面布局，多路并进
购买便利	广泛布点，应尽可能地贴近消费者
迅速扩张市场	一般较多地利用经销商、代理商的分销力量
维护品牌形象	高端布局，优选渠道，精选客户
渠道经济性	要考虑渠道的建设成本、维持成本、替代成本及经济效益
渠道控制性	企业应提高营销能力和渠道管理能力，以管理、资金、经验、品牌或所有权来掌握渠道主动权

二、分析影响营销渠道设计的因素

影响营销渠道设计的因素主要有以下几种。

（1）产品因素。产品的特性不同，对营销渠道的要求也不同。产品因素包括价格、体积、款式、技术、服务、易毁及易腐程度等。

（2）市场因素。市场因素包括目标市场范围、顾客的消费习惯、需求的季节性及市场竞争状况等。

（3）企业自身因素。企业自身因素是营销渠道设计的根本立足点，包括企业的规模、财力、声誉、经销能力与管理水平、服务能力等。

（4）中间商因素。不同类型的中间商在执行销售任务时各自有其优势和劣势，营销渠道设计应充分考虑不同中间商的特征。例如，一些技术性较强的产品一般要选择具备相应技术能力或设备的中间商进行销售。

（5）环境因素。宏观经济形势对营销渠道的选择有较大的制约作用。例如，经济萧条、衰退时，企业往往采用短渠道；经济形势好时，企业可以考虑长渠道。

（6）竞争状况。在选择营销渠道时，企业应考虑竞争者的营销渠道。如果自己的产品比竞争者有优势，就可选择同样的渠道；反之，则应尽量避开。

（7）经济效益因素。价格相同的产品营销，考量其经济效益；价格不同的产品营销，考量其销售影响。企业应尽量选择获利最大的营销渠道。

三、寻找渠道最佳接触点

营销渠道是企业与消费者的关键触点。消费者能否方便地接触产品的营销渠道，是决定营销成败的关键。企业要尽可能全面地构建与消费者的接触点，让自己的产品或服务拥有更多的机会去连接消费者。企业在考虑设计渠道与消费者的最佳接触点时，必须以竞争对手为参照，突出自己的竞争优势。

 小讨论

> 未来的营销不需要太多的渠道，只需要让你的产品进入消费者的手机，这就是最好的营销。谈谈你对这句话的认识。

四、设计营销渠道结构方案

营销渠道设计是指按照企业产品的特点和相应的市场需求科学地构建和确定企业产品营销渠道的组织体系。营销渠道结构方案主要从以下3个方面进行设计。

1. 营销渠道的长度设计

营销渠道的长短一般按经过的流通环节的多少来划分。中间层次或环节越多，则渠道的长度越长；反之越短。渠道的长度越长，交易的成本越高，产品销售的价格越高，这并不符合企业、渠道商、消费者三方的利益。因此，渠道的扁平化是众多企业转型的目标。

2. 营销渠道的宽度设计

营销渠道的宽度取决于渠道的每个环节中使用同类型中间商数目的多少。同一层次或环节的中间商较多，渠道就较宽；反之较窄。在选择中间商数目时，企业需要考虑产品、市场、中间商以及自身的具体情况，可以运用密集分销策略、选择分销策略、独家分销策略3种方案。3种不同宽度渠道策略的含义、优点、缺点、适用情况的对比如表9-3所示。

表9-3 不同宽度渠道策略的对比

渠道策略	含义	优点	缺点	适用情况
密集分销策略	企业尽可能通过较多的中间商销售其产品，以扩大市场覆盖面或快速进入新市场，使众多的消费者和用户能够随时随地买到这些产品	市场覆盖面广；适用于快消品的分销	同一层级的中间商数量较多，增加渠道管理难度	适用于低值易耗的快消品；通常与总成本领先战略相匹配
选择分销策略	企业在某一地区内只选择少数几家中间商来销售自己的产品	其优点和缺点通常介于独家分销策略和密集分销策略两者之间		适用于消费品中的选购品；常与差异化战略相匹配

续表

渠道策略	含义	优点	缺点	适用情况
独家分销策略	企业在一定地区内只选择一家中间商销售其产品。所选择的中间商一般在当地声望高，居于市场领先地位	竞争程度低；厂家与经销商的关系密切，控制能力较强	风险较高	适用于奢侈品、选购品或特殊品的分销；通常与集中化战略相匹配

学以致用

请为手机（或汽车、化妆品）设计营销渠道（从营销渠道的长度、宽度两方面入手）。

五、评估选定营销渠道方案

营销渠道结构的各种情况及基本方案确定后，需要对营销渠道结构进行评估，通常有3个评估标准：经济性标准、可控性标准、适应性标准，其中最重要的是经济性标准。

（1）经济性标准。主要是比较每个方案可能达到的销量及利润水平。

（2）可控性标准。主要依据企业的渠道控制要求进行评估。一般来说，对中间商可控性小，企业直接销售可能性大；渠道长则可控性小，渠道短则可控性大。企业必须对渠道的可控性进行全面的比较、权衡，从而选择最优方案。

（3）适应性标准。评估因市场环境变化而引起的渠道成员的适应性变化，以避免可能发生的风险。

活动2　营销渠道的管理

营销渠道管理的实质就是解决营销渠道中存在的矛盾冲突，提高营销渠道成员的满意度和积极性，促进渠道的协调性，提高分销的效率。营销渠道管理的主要内容有：渠道成员的选择、渠道成员的激励、渠道成员的评估、渠道冲突的处理及渠道成员的调整。

案例分析

娃哈哈独特的"联销体"——"快销网"模式

一、渠道成员的选择

1. 渠道成员的构成

根据各渠道成员在分销过程中的作用不同，渠道成员可以分为两组：一组是在营销渠道中承担转移货物所有权的基本渠道成员，包括生产制造商、批发商、零售商、其他形式的分销商;另一组是为整个分销过程提供重要服务但不承担货物所有者风险的特殊渠道成员,包括储运机构、市场调研机构、广告代理、银行、保险机构等。在这里重点介绍中间商的选择。

中间商是指在生产者与消费者之间,参与商品交易业务,促进买卖行为发生和实现、具有法人资格的经济组织或个人。它是生产者向消费者或用户出售产品的中间环节。大多数的产品是经过中间商的参与而得以广泛分销的。

(1)中间商的类型。按在流通过程中所起的作用划分,中间商可分为批发商和零售商。批发商是指向生产企业购进产品,然后转售给零售商、产业用户或各种非营利组织,不直接服务于个人消费者的商业机构,位于产品流通的中间环节。批发商的具体类型如图9-4所示。

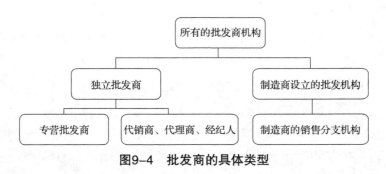

图9-4 批发商的具体类型

零售商是指将产品直接销售给最终消费者的中间商,是相对于生产者和批发商而言的,处于产品流通的最终阶段。零售业态的分类如表9-4所示。

表9-4 零售业态的分类

分类标准	分类结果
经营形态	便利店、专业商店、百货公司、超级市场、批发俱乐部等
价格和服务	综合或专业商店:提供一般的服务,价格中等; 百货商店:提供较多的顾客服务,价格较高; 平价商店:提供较少的服务,以廉价招揽顾客; 食品超市:顾客自我服务,提供很少的服务,价格较低
是否有店铺	店铺零售商;非店铺零售商,包括自动售货机、邮购和电话零售、互联网零售、上门推销等
所有权性质	独立零售商;自愿连锁零售商;特许经营零售商;非零售企业所属零售商,如生产企业的前店后厂、批发企业的零售店、宾馆设零售店等;连锁零售商;供销合作社
地理位置及集群化程度	邻近居民区型商店、区域型商店、繁华街区型商业街、统一规划的郊区购物中心、自由市场等

按产品流通过程中有无所有权转移,中间商可以分为经销商和代理商。经

销商是指在从事产品交易的业务活动中拥有产品所有权的中间商。经销商一旦购进产品，就得到了产品的所有权。经销商往往独立经营，自负盈亏，自然就承担着能否售出产品的风险。批发商和零售商都属于经销商。代理商是指在产品流转过程中，不持有产品所有权的批发商，不承担产品交易的风险，只是组织买卖直接成交，借此赚取佣金或手续费。

（2）中间商的选择标准。中间商的选择是否合适直接关系着生产企业的经营效果。中间商的选择标准一般包括以下几个方面。

① 目标市场。中间商的目标市场应与生产企业的要求一致。

② 地理位置。中间商所处的地理位置应该与生产企业的产品服务和熟悉的地区一致，中间商要具有地理位置优势。中间商应具备良好的经营条件，包括营业场所、营业设备等。

③ 业务能力。中间商要有良好的形象；员工应具备较高的能力；中间商要有良好的经营业绩。

④ 信誉。中间商要有较高的声望、良好的信誉，与顾客之间建立长期稳定的业务关系，并赢得顾客的信任。

⑤ 合作态度。中间商希望与生产企业合作，共同担负起一些营销职能。企业要选择有合作态度的中间商，这样才能有效地推动产品的销售。

2．选择渠道成员的原则

选择渠道成员的原则主要有目标市场原则、合作原则、形象匹配原则、效率原则和互惠互利原则。企业还要根据自己的渠道目标和渠道策略，确立一些选择渠道成员的更具体的原则。

3．寻找渠道成员的途径

寻找渠道成员就是搜寻企业未来在营销渠道活动中可能的合作伙伴。

企业可以自设销售组织，也可以通过贸易组织、出版物、电话簿、商业展览会等途径寻找渠道成员，还可以进行网上查询或者向顾客和中间商咨询。当然，企业也可以在有关出版物上刊登广告，等待有兴趣的渠道成员前来联系、询问，或者通过熟人介绍、委托经纪人的方式来寻找渠道成员。

4．确定渠道成员的方法

确定渠道成员的方法有以下两种。

（1）渠道成员的定量确定法。渠道成员的定量确定法是基于对于渠道成员的量化评估，经过排序得出。常见的是加权评分法。加权评分法就是对拟选择作为合作伙伴的每位渠道成员，根据其经营能力和条件进行打分，然后按照分数高低做出选择。这种方法适用于在较小范围的市场上精选分销商。

（2）渠道成员的定性确定法。企业通过市场试运作，把经销商选出来。选好经销商、初步铺货后，企业再发动广告促销攻势；签订经销合同的期限不宜过长，不轻易承诺总经销权；最终确定合适的经销商。

二、渠道成员的激励

渠道成员的激励是指生产企业（渠道管理者）通过持续的激励措施，刺激中间渠道成员，以激发分销商的销售热情，提高分销效率的企业行为。渠道成员的激励方法主要有分销权及专营权政策、返利政策、年终奖励政策、促销政策、客户服务政策和客户辅导培训政策等。

三、渠道成员的评估

企业应定期评估渠道成员的销售指标完成情况、向顾客交货的速度、平均存货水平、对损坏和损伤产品的处理、与企业宣传及培训计划的合作情况、货款回收情况、对顾客服务的表现等。评估渠道成员的目的在于掌握渠道成员的销售动态，及时发现问题，适时调整。对绩效好的渠道成员进行奖励，必要时也可以淘汰部分绩效差的渠道成员。

四、渠道冲突的处理

渠道冲突是指渠道成员之间因为销售政策、决策权分歧、销售目标差异、信息沟通困难、角色定位不一致、责任划分不明确等而产生紧张、焦虑、不满、抵触甚至决裂的现象。

1. 渠道冲突的类型

按照冲突主体的不同，渠道冲突可分为以下3种。

（1）水平渠道冲突。水平渠道冲突也叫横向渠道冲突，是指同一渠道模式中同一层次的成员之间的冲突。其表现形式包括跨区域销售、压价销售、不按规定提供售后服务等。水平渠道冲突产生的原因大多是生产企业没有对目标市场的中间商数量或销售区域做出合理规划。

（2）垂直渠道冲突。垂直渠道冲突也叫纵向渠道冲突，是指同一渠道中不同层次的成员之间的冲突。垂直渠道冲突比水平渠道冲突更常见。例如：生产企业越过一级经销商直接向二级经销商供货，从而使上下游渠道间产生矛盾；下游的零售商或经销商实力强大后，不满足目前的地位，向上游发起挑战，也会导致垂直渠道冲突。

（3）多渠道冲突。多渠道冲突是指当生产企业建立了两条或两条以上的渠道向同一市场出售其产品或服务时，这些渠道之间发生了冲突。多渠道冲突产生的原因：定位模糊、业务重叠；目标差异、缺乏信任；规划混乱、策略单一；

掌控不足、各自为政。

 学以致用

　　某区域新建一大型连锁超市，这种类型的超市是厂家A所生产的产品的主要分销渠道。厂家A为了直接掌控这个重要的零售渠道，准备与该连锁超市签订直供协议。同时，厂家A在该区域的经销商B也希望向超市供货。在厂家A和经销商B争夺同一零售商的过程中，冲突就产生了。试分析这属于哪种类型的渠道冲突？

　　2．渠道冲突的处理方法

　　渠道冲突的处理方法具体如下：渠道成员确立共同的目标和价值观，共同参与渠道政策的制定，交换管理人员以增进相互了解，对渠道中的弱者提供帮助并给予激励，必要时可清理渠道成员。

　　五、渠道成员的调整

　　为适应多变的市场需求、确保营销渠道的畅通和效率，企业要对其营销渠道进行适时的调整。

　　（1）增减某些渠道成员。当某个渠道成员经营不善且影响到整个营销渠道时，企业应终止与该渠道成员的合作，并在适当的时机增加能力较强的渠道成员。

　　（2）增减某些营销渠道。当某些市场部分的营销环境发生了很大的变化时，原有的渠道不能有效地将产品送达目标顾客或只依靠原有渠道不能满足目标顾客的需求时，企业应考虑增加或减少某些渠道。

　　（3）创设全新的渠道方式。随着互联网技术的发展，新的营销渠道不断涌现，如淘宝、天猫、京东等网上购物平台，微博、微信、微视等微营销平台。根据麦肯锡咨询公司的分析，新兴的营销渠道会带来全新的顾客期望值，甚至可以节省10%～15%的成本，从而创造成本优势。因此企业需要不断进行营销渠道创新，以适应营销环境的变化。

 学以致用

　　河北省巨鹿县盛产枸杞，其产量占全国枸杞总产量的较大比重。但是有关部门不愿意收购，说是产大于销无销路。果真如此吗？经调查了解，枸杞不是无销路，而是拥有很大的市场。其问题在于缺乏合适的销售途径。原来，人们生活水平提高了，枸杞不再只是纯粹的中草药，还有其他用途：枸杞是滋补品，也是桌上佳肴，还是馈赠亲友的上好礼品。请根据以上情况，为当地枸杞企业策划营销渠道疏通方案。

任务3 营销渠道的创新

活动1 了解全渠道营销

一、全渠道的含义

案例分析

小米崛起之道：
全渠道模式探索

渠道是产品与消费者发生连接的触点，也是传播引流和销售转化的重要场景，在新商业新零售的浪潮下，利用最新的科技、最有效的手段，把信息流、资金流、物流重新高效组合，用一切可能的方法接触消费者。

全渠道即通过数字和物理渠道为消费者提供无缝统一的消费体验，无论消费者身处何处（网店或线下实体店）、使用何种设备（移动终端或桌面设备），以何种渠道访问内容（电子邮件、公众号、小程序或App），都可以实现从浏览到订单完成的全部过程，并获得良好体验。全渠道策略将销售、服务和营销结合起来，旨在为消费者提供一体化的体验，包括实体店、网站、社交平台等，如图9-5所示。

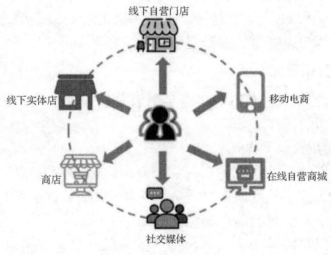

图9-5 全渠道示意图

二、全渠道的特征

（1）全程。从消费者接触品牌到购买的整个过程中，包括寻找、对比、下单、体验和分享5个环节，企业需要在每个节点与消费者保持全程接触。

（2）全面。企业可以跟踪和分析消费者的购物数据，与消费者进行适时互动，了解消费者购物过程中的决策变化，为消费者提供个性化的建议，从而全面提升其购物体验。

（3）全线。销售渠道的发展从单一到多渠道，再到全线覆盖线上、线下的全渠道，渠道的覆盖范围变广，线上、线下的融合程度不断提高，形成全渠道最大化覆盖，触达各种群体。

三、全渠道的优势

全渠道的优势体现在以下 5 个方面。

（1）全渠道可以更好地了解消费者，提供个性化的服务。通过跟踪所有渠道的互动，更全面地了解消费者的身份和需求，帮助优化营销策略并改进服务。

（2）在全渠道下，消费者可以更轻松地实现购买，进而提高销售额。例如，消费者在社交媒体上看到喜欢的产品，但没有时间在线订购，他们可以轻松地通过电话订购。

（3）增加建立忠诚度的机会。无论消费者以何种方式或在何处与品牌互动，全渠道都能为消费者提供一致的体验，从而帮助建立消费者的忠诚度。

（4）节约成本。通过整合库存并使用单一平台来管理所有销售渠道，从长远来看，可以节省大量的时间和金钱成本。

（5）强化品牌形象。全渠道营销能确保消费者在每个渠道上获得积极的、一致的体验，规范沟通渠道，提升整体品牌形象。

四、全渠道营销策略

总的来说，企业要想成功地实施全渠道营销策略，需要融合数字化技术，做好以下几个方面的工作。

1. 全面了解用户

全面了解用户的目的是以用户为中心开展全渠道营销工作。在了解用户的过程中，企业可以通过产品服务的受众、多渠道调研统计的数据进行深度分析，全方位地绘制出千人千面的用户画像。

用户画像可以帮助营销人员分析用户的来源、兴趣、特点等，营销人员可以据此合理判断企业应该聚焦在哪些投放渠道上，采用什么样的投放形式、呈现方式，以及展现哪些具体的内容等。

2. 渠道投放管理

（1）选择投放渠道。关于渠道的投放及后续运营，企业需要制定合适的营销策略，根据用户画像，结合具体的产品和业务去选择合适的渠道，如官方网站、微信服务号、知乎、微博、头条号、百家号等。一般可以先选择几个渠道进行投放，测试效果，然后再逐步拓展到其他渠道。

（2）遵循渠道的投放规则。企业在实施全渠道营销策略的过程中，需要遵循各个渠道的投放规则。例如，微博适合表达观点和发布产品动态，知乎适合问答型推广，各自媒体平台适合内容创作等。只有了解清楚各个渠道的优势和劣势，并根据不同的投放渠道创建不同类型的内容，才能提高产品在每个渠道的曝光度。

（3）有统一的内容管理中心。在全渠道营销中，连贯顺畅的体验非常重要。内容的投放需要适应各个渠道的要求，尽量提升用户从一个渠道换到另一个渠道时的体验，这也是保证转化率的基础。因此，企业最好有统一的内容管理中心，保证企业的核心营销内容满足用户跨渠道营销体验的一致性。

（4）统计渠道营销数据。在日益复杂的营销环境下，投放的渠道越来越多，企业在追踪统计各渠道的营销数据时，需要仔细计算多渠道投放对用户转化的贡献，进而确定每个渠道的贡献度。通过这些数据评估出企业的产品业务适合投放哪些渠道，哪些渠道不适合，为后期选择投放渠道提供数据支撑。

（5）路径转化培育。企业在进行全渠道营销时，对于各个渠道的流量后续如何转化的问题，采用营销自动化工具，对用户的来源和行为轨迹进行追踪，然后针对不同渠道的用户采取不同的营销策略。全渠道时代的竞争，不仅是营销的竞争，还是企业各种经营资源配置效率的竞争，更是企业供应链能力的竞争。

案例分析

阅读配套资源中的案例内容，思考以下问题。

1. 分析京东超市的营销渠道模式的优点和缺点。

2. 根据案例分析信息系统在销售管理中的意义。

案例分析

京东超市首次发布
全渠道能力全景图

活动2 新零售背景下的渠道创新

一、新零售的含义

新零售，英文是 New Retailing，即企业以互联网为依托，通过运用大数据、人工智能等先进的技术手段，对产品的生产、流通与销售过程进行升级改造，进而重塑业态结构与生态圈，并对线上服务、线下体验以及现代物流进行深度融合的零售新模式。

新零售是以消费者体验为中心，以实体门店、电子商务、大数据云平台、移动互联网为核心，通过融合线上线下，实现产品、会员、交易、营销等数据的共融互通，向消费者提供跨渠道、无缝化体验。

二、渠道创新

渠道的本质就是让产品规模化地触达消费者，渠道创新就是以更低的成本、更高的效率规模化地触达目标消费者。新环境下，消费者分散于碎片化场景，且呈现动态流动之势；此时，中心化传播结构的媒体组合投放不再具有覆盖优势，营销信息传播的广度与精度皆难达到，营销效果大打折扣。营销活动采用一网一站或有限的静态媒体组合，无法实现多场景下流动状态的消费者覆盖。

三、以消费者为中心进行全渠道数字化建设

目前零售企业发展的趋势是从单一渠道到多渠道，再到全渠道建设。渠道体系正在从简单的一维渠道体系向多维的网络型渠道体系演变，消费者在不同的时间和地点可能会选择不同的渠道进行消费。已经不能再按照传统办法来预测消费者的消费路径和动向，这就需要零售企业构建全渠道的智能化网络协同，以消费者为中心提供无缝式的全渠道购物体验，持续满足跨越所有实体和数字触点的不断变化的消费者需求，智能化的零售系统能够满足消费者这种跳跃式的购物需求，提供一如既往的优质的购物体验。

四、渠道结构发展的新特点

渠道结构发展呈现出新的特点：渠道体制由金字塔向扁平化方向转变，渠道运作以总经销为中心变为终端市场建设为中心，渠道建设由交易型关系向伙伴型关系转变，线上渠道与线下渠道深度融合。

随着数字化水平的提高，未来还会有更多新渠道产生。但万变不离其宗，商业模式的叠加仍旧离不开传统销售的三要素"人、货、场"，最核心的仍旧是下沉到离消费者最近的地方。

 小讨论

互联网的发展改变了营销渠道的结构，有人认为传统营销渠道过时了，谈谈你的看法。

项目实施

一、设计果蔬脆系列休闲零食的营销渠道

实训目的：

（1）熟悉和掌握设计营销渠道方法。

（2）培养综合运用营销渠道知识的能力。

实训内容：

设计果蔬脆系列休闲零食的营销渠道。对该产品进行全渠道营销，确定全渠道营销目标，制定线上线下渠道策略，进行渠道推广。

实训步骤：

（1）以团队为单位，进行市场调研，了解产品在本地的渠道现状，收集相关资料。

（2）分析果蔬脆系列休闲零食的竞争优势、竞品分析。

（3）设计线上线下渠道，梳理渠道管理的要点。

（4）各项目团队制作一份营销渠道策划书。

（5）团队成员分工，进行渠道策划陈述。

实训考核：

（1）考核策划书，可从方案的完整性、可操作性、创意性等方面进行考核（占70%）。

（2）考核策划案陈述的表现（占20%）、团队合作精神（占10%）。

二、渠道案例评价

实训目的：

（1）初步具备分析优秀渠道案例、挖掘渠道建设成功要素的能力。

（2）能初步进行营销渠道创新设计。

实训内容：

搜集你认为做得比较好的渠道建设案例（如海尔、格力、华为等），介绍案例的渠道建设过程并总结成功之处，谈谈你对此案例的看法。

实训步骤：

（1）上网搜集相关资料，分析相关案例目前的营销渠道所具有的优势或存在的问题。

（2）进行营销渠道创新设计。

（3）撰写营销渠道策划案例分析报告并制作成PPT。

（4）各团队推选一名成员进行渠道策划案例评价陈述。

实训考核：

（1）考核分析报告，可从分析报告的格式、方案创意、可行性、完整性等方面进行考核（占70%）。

（2）考核实训活动中的个人表现（占30%）。

项目总结

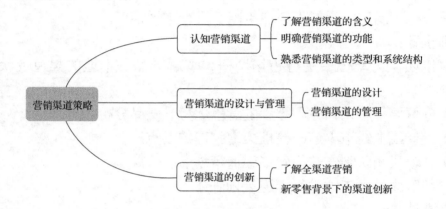

习题

一、选择题

1. 适用于低值易耗快消品（饮料、食品、洗发水等）的渠道策略是（   ）。

    A. 独家分销策略   B. 选择分销策略

    C. 密集分销策略   D. 渠道分销策略

2. 华为、小米等手机会在天猫开设线上旗舰店，也会在线下开设手机专卖店，还会在运营商营业厅销售，它们实施的渠道策略是（   ）。

    A. 独家分销策略   B. 选择分销策略

    C. 密集分销策略   D. 渠道分销策略

3. 对于技术复杂、价格高昂、个性化、大型化的产品，如汽车、医疗机械、黄金珠宝钻石等，不宜采用（   ）。

    A. 短渠道   B. 长渠道   C. 选择分销   D. 窄渠道

4. 产品的质量和体积越大，其分销渠道越（   ）。

    A. 长   B. 短   C. 宽   D. 窄

二、名词解释

营销渠道　中间商　渠道冲突　全渠道

三、简答题

1. 如何选择中间商？
2. 渠道成员激励的方法有哪些？
3. 如何解决营销渠道的冲突？

四、案例分析

请阅读配套资源中的案例，思考如下问题。

1. 数字化时代，蒙牛是如何应对渠道变革的？
2. 蒙牛的渠道变革和创新对我们有什么启示？

案例分析

蒙牛如何在数字化
时代做渠道创新？

项目10

整合促销策略

阳光蔬果有限公司作为一家主营新鲜蔬菜和时令鲜果的配送公司，经过良好的运营发展，利润不断增加。但是由于最近三个月同区域内有3家类似的公司成立并开始营业，阳光蔬果有限公司明显感觉竞争压力增大，产品的销量很难有大的突破。为了保持自己的市场占有率，公司高层经过商讨，决定开展促销活动。为了保证促销效果的持续性，公司运营主管建议摒弃单一的促销方式，采用促销组合策略。那么该如何通过人员推销、广告、营业推广和公共关系等方式进行组合促销，从而使得产品脱颖而出，并提高产品销量？

学习目标

1．理解促销、促销组合的含义。
2．明确影响促销组合选择的因素。
3．掌握促销组合策划的程序。
4．掌握促销策划的流程。
5．能正确分析影响促销组合选择的因素，恰当地选择促销方式。
6．能结合企业的实际情况，初步进行促销策划。
7．能树立危机公关意识，初步进行危机公关策划。
8．培养正向的价值观，诚信经营。
9．培养依法宣传推广的意识。
10．培养人际沟通和协作能力。

任务1　认识促销和促销组合

👤 活动1　理解促销和促销组合的内涵

一、促销和促销组合的含义

促销是指企业通过人员推销或非人员推销的方式，向目标消费者传递产品或劳务的存在及其性能、特征等信息，帮助引起消费者的兴趣，激发消费者购买欲望，促使其产生购买行为的一系列综合活动。促销的实质是信息沟通。

促销组合是指企业综合运用人员推销、广告、营业推广和公共关系等多种促销方式，使其相互配合、协调一致，尽可能发挥促销方式的整体效果，从而实现企业的营销目标。促销组合是一种整体化的策略，体现了现代市场营销理论的核心思想——整体营销。

二、促销方式和策略

促销方式有两种：一是人员推销，即推销人员与消费者面对面进行推销；二是非人员推销，即通过大众传播媒介向推销对象进行推销，有广告、公共关系、营业推广等方式。

促销策略是一种促进产品销售的谋略和方法。促销策略包括单一促销策略和促销组合策略。单一促销策略是对广告、营业推广、公共关系和人员推销分别制定策略。促销组合策略也称整体促销策略，是指企业根据促销的需要，对人员推销、广告、营业推广和公共关系等促销方式进行适当选择和综合运用的策略。

促销策略的基本策略又可以分为推式策略和拉式策略。推式策略是指推销人员把中间商作为主要推销对象进行推销，将产品推入市场的策略。拉式策略是以最终消费者为主要促销对象，通过运用广告、营业推广、公共关系等促销手段向消费者展开强大的促销攻势，使消费者产生强烈的兴趣和购买欲望，形成迫切的市场需求，然后"拉引"中间商纷纷要求经销这种产品的策略。

案例分析

请阅读资料，思考仲景中医药使用了哪些促销策略来推广宣传中医药。

案例分析

仲景中医药的发展

活动2　分析影响促销组合选择的因素

影响促销组合选择的因素有很多，归纳起来主要有以下几个方面。

一、促销目标

不同企业在同一市场或同一企业在不同时期及不同市场环境下所进行的促销活动，都有其具体的促销目标。促销目标是决定各种促销方式组合的重要因素，促销目标不同，促销组合必然有差异。

二、产品类型

不同类型的产品需要采用不同的促销组合。例如，生活消费品由于消费者数量众多，适合采用广告和营业推广的促销方式；工业生产资料的消费者多为专门用户，更适合采用人员推销的促销方式。需要注意的是，在产品生命周期的不同阶段，企业的促销重点和目标不同，促销组合的方式也有区别。

三、市场状况

市场状况主要包括市场规模与集中性、购买者类型、消费者心理与行为，以及竞争对手的促销攻势等方面。

（1）市场规模与集中性。规模小且相对集中的市场，人员推销是重点；规模大、范围广且分散的市场，则应多采用广告、营业推广和公共关系。

（2）购买者类型。对个人、家庭消费者应以广告、公共关系为主，辅之以营业推广；对组织用户、集团消费应以人员推销为主，辅之以公共关系和广告；对中间商则宜以人员推销为主，并配合营业推广。

（3）消费者心理与行为。分析消费者处于购买决策的哪一阶段，进而选择适当的促销方式。广告与公共关系在认知阶段比营业推广和人员推销的作用大得多，应当作为促销组合重点选择；理解阶段主要选择广告、公共关系和人员推销；信服阶段，人员推销是重点；成交阶段应主要选择人员推销和营业推广；再次购买阶段应以营业推广和人员推销为主，以广告与公共关系为辅。

（4）竞争对手的促销攻势。根据自身与对手的实力分析和比较，选择针锋相对的促销方式或避其锋芒的促销组合方式。

四、销售渠道

如果企业以中间商为主来分销产品，则应以广告、公共关系为主，为中间商创造有利的销售环境，再配合中间商进行营业推广，充分调动其积极性。如果企业以直销、多层传销等非流通渠道的销售方式为主，就重点选择公共关系、人员推销和营业推广的促销方式。

五、促销费用

促销费用直接影响促销方式的选择。一般来说，广告费用较高，人员推销费用次之，营业推广费用较少，公共关系费用最少。企业的经济实力及其促销预算影响和制约着对促销组合方式的选择。企业既要量力而行，又要用最少的费用实现最佳的促销组合，使企业的促销费用发挥出最大的效用。

综上所述，企业在选择促销组合时，要考虑多种因素，然后综合分析比较各种促销方式的成本与效果，以尽可能少的促销费用取得最佳的促销效果。

👤 活动3　掌握促销组合策划的程序

促销组合策划是一个系统的过程，其具体步骤如下。

一、确定促销目标

促销目标是企业开展促销策划活动的方向。开展促销策划前，策划人员应充分了解促销策划的背景，根据对市场、企业、竞争者的调研情况确定促销策划的具体目标。

二、确认促销对象

确认促销对象就是确定企业产品的销售对象，即消费者是现有消费者还是潜在消费者，是个人、家庭，还是社会团体等。企业只有确认了促销对象并充分了解其需求、偏好、态度等，才能采取最有效的促销方式，传达最适合消费者的产品信息。

三、设计促销信息

促销信息就是促销人员在与目标消费者沟通时采用的文字和形象设计等，包括信息内容（诉求点、主题、创意）、信息结构（表达次序）、信息形式（图片设计、广告语、情节设计等表现形式）和信息源（专家、消费者、企业形象代言人）等。

四、选择沟通渠道

促销信息的沟通渠道主要有人员沟通渠道与非人员沟通渠道。

人员沟通渠道主要是指两人或两人以上面谈，或通过网络、电话等方式联络。其特点是具有双向性、互动性，成本高，范围有限。人员沟通渠道一般适合昂贵、复杂、购买不频繁的产品。

非人员沟通渠道主要指向大众媒体发布广告、新闻等。其特点是覆盖面广，速度快，具有单向性。非人员沟通渠道一般适用于消费者较多，且消费者可通过媒体了解信息，不需要双向沟通的情况。

五、确定促销预算

企业一般是在估算竞争者的促销预算的基础上，根据自身情况，充分考虑成本效益，进而做出适当的促销预算。如果企业促销费用宽裕，则可同时使用几种促销方式；反之，则要考虑选择费用较少的促销方式。

六、制定促销方案

策划人员应根据不同的促销目标和促销对象，结合企业自身的具体情况，综合考虑人员推销、广告、营业推广和公共关系4种促销方式的促销效果、优点、缺点、适应性等，并进行适当搭配，形成具体的促销方案，使其发挥最佳的促销效果。

 小讨论

中秋节前夕，在济南的某大型超市门前，雀巢咖啡举行免费促销活动。促销员穿着鲜明、个性、统一的公司服装，面带微笑、热情地为每一位路过的客人递上一杯热咖啡；旁边的电视播放着公司的简介和"味道好极了！"的广告语。

请讨论分析雀巢咖啡中秋节促销的特色有哪些。

任务2　认知人员推销策略

活动1　了解人员推销的含义和特点

一、人员推销的含义

人员推销是指企业的推销人员直接向消费者推销产品或劳务的一种促销活动。它是促销方式中最普遍、最直接、最有效的一种方式。人员推销活动的3个基本要素是推销人员、推销对象、推销品。

二、人员推销的特点

人员推销相比其他促销手段，具有以下特点。

（1）信息传递的双向性。推销人员通过与消费者直接沟通，可以根据消费者的特征及需要，灵活调整谈话内容，制定有针对性的营销策略，促进交易的达成。同时，推销人员可以把消费者的意见、建议反馈给企业，为企业营销决策提供依据。

（2）推销目的的双重性。人员推销的目的不只是推销产品，推销人员通过与消费者直接沟通，增进双方之间的理解和信任，从而形成良好的人际关系，为之后的进一步合作打下良好的基础。

（3）推销过程的灵活性。在推销过程中，推销人员能够为消费者提供技术服务和疑问解答，还可以现场演示产品操作，消除消费者的购买顾虑；同时，对于产品价格、付款、交货时间等问题进行灵活的沟通，便于指导消费。

（4）适用范围有限。当消费者购买价格较昂贵的产品、风险比较大或不经常使用的产品以及差异化产品时，人员推销的作用显得无比重要，因为推销人员可以为消费者提供可靠的信息。但如果产品价值比较低或是消费者习惯购买的，人员推销就显得效果不佳。

活动2　明确人员推销的基本流程

推销人员在进行推销时，尽管产品不同，但是推销的基本流程相同，具体如下。

（1）寻找准顾客。准顾客是指那些对本企业产品有需求、有支付能力和购买决策权的潜在顾客。推销人员可以通过观察、访问、调研、查阅资料或通过他人介绍、广告吸引、会议招引等方式寻找准顾客。

（2）拜访前的准备。推销人员在正式约见顾客之前，需要做好准备工作，尽可能掌握信息（包括拜访对象、自身产品、竞争者等），准备好推销器材；要做好计划，确定拜访的主题和程序；要做好约见工作，掌握接近顾客的方法。

（3）推销洽谈。推销洽谈是推销人员与顾客正式接触，运用各种方法说服顾客购买的过程，是推销的中心环节。

（4）异议处理。推销过程中，顾客可能会提出不同的看法，推销人员必须认真分析和恰当处理这些意见，尽量圆满解决。

（5）成交。成交即顾客同意购买推销人员推销的产品。在推销过程中，任何阶段都可能达成交易。推销人员应准确捕捉成交信号，熟练运用成交的方法，有效地促成交易。

（6）售后管理。推销人员对已经购买产品的顾客提供各种售后服务，认真履行订单中的各项条款，持续追踪顾客对产品的满意度，解决各种可能产生的问题，加深顾客对企业和产品的信赖，从而达到重复购买的效果。

 学以致用

假如你是家居产品的销售经理，按照推销的基本流程，你如何进行推销？

活动3　选择人员推销的方式

人员推销的方式主要有 5 种：上门推销、柜台推销、会议推销、电话推销和信函推销。

一、上门推销

上门推销是指由推销人员带着产品的样品或图片、说明书和订货单等走访顾客，推销产品。该方式主动性强，效果明显，但是费用高昂。

二、柜台推销

柜台推销是指推销人员在固定的营业场所（如超市、商场、专卖店等）设置柜台，向光临店铺的顾客销售产品。该方式店铺固定，容易获得顾客信任。

三、会议推销

会议推销是指利用各种会议（如订货会、展览会、交易会等）向与会人员宣传和介绍产品，开展促销活动。该方式接触面广，有助于在短时间内进行大量的洽谈活动，成交金额较大，但容易受会议场地、参会者人数限制。

四、电话推销

电话推销是指利用电话向目标顾客进行推销。该方式推销范围广，节省时间和精力，但是容易引起顾客反感，亦不能单独应用于较复杂的推销。

五、信函推销

信函推销是指推销人员通过书信、信笺、邮寄产品目录、名片等书面形式进行推销。

学以致用

假如你是某建材公司的推销人员，你如何寻找准顾客？

案例分析

请阅读老太太买水果的案例，和同桌讨论：人员推销时需要注意哪些方式方法，从案例中能得到哪些启示？

任务3 认知广告策略

活动1 了解广告的含义和USP理论

一、广告的含义

广告是指企业或个人通过付费形式，借助一定的媒体，把产品的有关信息传递给消费者，以达到增加信任和扩大销售的目的。广告的本质是信息传播活动，广告主是信息发出者，媒介是信息传播的渠道，消费者是信息接收者和反馈者，广告内容本身就是一个信息组合。广告做得好不好，需要看传达的信息是否清晰，信息传递是否清楚，消费者能否清晰地接收到信息。广告流程如图10-1所示。

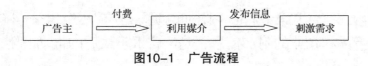

图10-1 广告流程

二、USP理论

USP 理论是罗瑟·里夫斯在 20 世纪 50 年代初提出的，他认为成功的广告之所以能够打动千百万人，就在于它像凸透镜一样把所有的部分聚合成一个焦点、一个话题，从而使这一广告不仅发光，而且发热。消费者只会记住广告中的一件事——或是一个强烈的主张，或是一个突出的概念。

👤 活动2　掌握广告文案写作

一、广告文案的构成要素

平面广告文案是由广告标题、广告正文、广告语、附文四大部分构成的。它是广告内容的文字化表现。在广告设计中，图案图形与广告文案同等重要，图案图形具有前期的冲击力，广告文案具有较深远的影响力。

二、广告文案的写作

图10-2　"双十一"广告文案

1．广告标题

广告标题是整个广告作品的题目，是广告文案中的重要部分。它在广告作品的整个版面和构图中始终处于最醒目、最有效的位置。标题创作要结合主题，题文相符；富有创意，引人入胜；简洁凝练，一目了然；富有情趣，易懂好记。图10-2 所示为"双十一"广告文案。

2．广告正文

广告正文是广告文案的主体部分，是广告标题的延续，是对广告标题的进一步解释和延伸。广告正文的要求如下：开端要迅速生动地点明标题，承上启下；主体要阐述产品的特点与消费者的利益，找准两者的结合点，适当重复某些要点；结尾要鼓舞人们行动。

3．广告语

广告语作为品牌或产品的宣传口号，直接反映了企业对市场消费的定位与策略。一句广告语若被大众牢牢记住，那该品牌的知名度与消费力将呈直线上升趋势发展。

4．附文

附文是跟附在广告文案最后面的附加说明，是广告文案中不可缺少的一部分。附文用来传递产品和企业的附加信息，是广告诉求最后的推动。附文的内容主要包括购买产品或获得服务的方法、权威机构证明标志、用于接听诉求对象反映的热线电话、网址、直接反映表格、特别说明、品牌（企业）名称与标志等。

✎ 学以致用

阳光蔬果有限公司新推出的一款综合果蔬脆，甄选12种新鲜果蔬，涵盖水果、蔬菜、谷薯类，运用先进的脱水工艺和低温油浴技术，除去多余水分，赋予果蔬酥脆口感。美味健康随心吃！请你为该产品设计一则广告文案。

👤 活动3 明确广告策划的流程

一个完整的广告策划流程主要包括分析广告机会、确定广告目标、形成广告内容、选择广告媒体、确定广告预算以及广告效果测定等内容。广告策划要和其他促销策划相互配合才能发挥更好的促销效果。

一、分析广告机会

广告机会分析可以解决针对哪些消费者做广告以及在什么样的时机做广告等问题。企业可以搜集并分析有关方面的情况（如消费者情况、竞争者情况、市场需求发展趋势、环境发展动态等），然后根据企业的营销目标和产品特点，找出广告的最佳切入时机，做好广告的群体定位，为开展有效的广告活动奠定基础。

二、确定广告目标

广告目标是根据产品的市场生命周期、市场需求、竞争状况、企业的经营目标等来确定的，它与企业的营销目标、促销目标紧密联系。广告的具体目标可以是使消费者了解企业的新产品、促进购买，也可以是提高产品和企业的知名度，以便形成品牌偏好群等。

三、形成广告内容

广告的具体内容应根据广告目标、媒体的信息可容量来加以确定。一般来说，广告内容应包括以下3个方面：产品信息、企业信息、服务信息。

四、选择广告媒体

随着互联网、多媒体等信息传播技术的发展，广告媒体的形式越来越多样化，出现了网络媒体、游戏媒体、楼宇媒体、手机媒体等，这些新媒体对传统传播媒体产生了巨大的冲击。企业的广告策划人员在选择广告媒体时必须了解各种媒体的特性，注意产品、品牌、企业与平台的贴合度。新媒体广告的表现形式更加丰富，广告内容更加灵活多样。

五、确定广告预算

广告预算是广告主根据广告计划对开展广告活动费用的预算，是广告主进行广告策划活动投入资金的使用计划。

六、广告效果测定

测定广告的传播效果和销售效果，对当前的广告活动做出评估，可以为修正广告计划和改进广告设计提供科学的依据。

👤 **案例分析**

请阅读小天鹅洗衣机母亲节广告文案颠覆传统营销策划的案例，分析它能带给我们哪些启示。

案例分析

小天鹅洗衣机
母亲节广告文案
颠覆传统营销策划

任务4　认知营业推广策略

👤 活动1　了解营业推广的含义和特点

一、营业推广的含义

营业推广是指企业在一定时期内采用特殊方式对顾客进行刺激，以激发顾客强烈的购买欲望，促使顾客迅速购买的促销方式。

二、营业推广的特点

（1）方式灵活多样。常用的营业推广方式有样品、优惠券、赠品、免费试用、有奖促销等，它们各具特点。企业在开展营销活动时，应根据自己的情况灵活选择。

（2）针对性强，见效快。只要营业推广方式得当，效果可以很快显现。因此，向顾客提供特殊的购买机会具有强烈的吸引力和诱惑力，能够引起顾客的广泛关注，立即促成购买行为。营业推广适合用于企业完成短期具体目标。

（3）互动性强。营业推广需要顾客或中间商积极参与，只有调动他们的积极性，刺激他们的需求，促进他们实现消费，才能达到企业的目的。

（4）活动时间短、不连续。营业推广活动只在一个特定的时期内开展，不可能长期开展。活动期间的优惠促销政策也只在活动期内有效。

（5）有一定的局限性和副作用。有些方式显现出企业急于出售的意图，容易造成顾客的逆反心理。

活动2　掌握营业推广策划的流程

制定营业推广策略是一项系统工程，需要明确推广目标，把握推广时机，进行合理的经费预算及过程控制，以实现理想的促销效果。

营业推广策划的流程如图 10-3 所示。

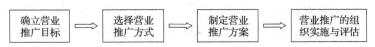

图10-3　营业推广策划的流程

一、确立营业推广目标

（1）企业在不同时期的营业推广目标，如表 10-1 所示。

表 10-1　企业在不同时期的营业推广目标

所处时期	营业推广目标
淡季	维持消费者对产品的兴趣，刺激需求，减轻淡季的库存压力
旺季前	影响消费者的购买决策，争取竞争品牌的使用者
旺季	鼓励重复购买和大量购买，使消费者接受品牌延伸的新产品
旺季后	出售旺季剩余货品，以回笼资金，减少库存积压风险

（2）企业针对不同对象的营业推广目标，如表 10-2 所示。

表 10-2　企业针对不同对象的营业推广目标

对象	营业推广目标
消费者	吸引新的顾客开始试用；争夺同类产品和竞争者品牌的使用者；奖励品牌忠诚者等
中间商	维持并巩固销售渠道；保证中间商的货架陈列；维持较高的存货水平；激励中间商销售产品的积极性等
推销人员	调动推销人员的销售积极性；鼓励推销人员积极开发新客户、开拓新市场

二、选择营业推广方式

营业推广的手段很多，在开展营业推广活动时，企业必须注意选择适当的方式。常用的营业推广方式如表 10-3 所示。

表 10-3　常用的营业推广方式

针对消费者	针对中间商	企业间联合促销
赠品、折价券、有奖销售、特定时段的优惠促销、以旧换新、包装兑现、产品展销	交易折扣、推广津贴、销售竞赛	不同行业、相关产品企业间的联合促销；同一企业不同品牌的联合促销；制造商与经销商之间的联合促销；同行业之间的联合促销

企业在选择营业推广方式时，应充分地考虑相关因素：营业推广目标、产品生命周期、产品种类、企业的竞争地位、企业在销售渠道中扮演的角色、竞争者的促销行为、营业推广费用的预算。

✎ **学 以 致 用**

阳光蔬果有限公司为促进整体销售能力提升，决定举办"夏日蔬果购物节"系列活动。请你为该活动设计相应的营业推广方式。

三、制定营业推广方案

（1）确定营业推广主题。营业推广主题是营业推广活动的灵魂，确定营业推广主题的方法有 3 种：以产品为主题，以季节为主题，以节假日为主题。

（2）确定营业推广的范围。确定推广的产品范围、市场范围。

（3）确定参与的条件。确定营业推广对象必须具备什么资格才能参加营业推广活动。

（4）确定营业推广诱因量的大小。对以往的营业推广实践进行分析和总结，力求引起最大的销售反应；并结合新的环境条件确定适合的刺激程度。

（5）选择传播媒体。选择通过何种媒体将营业推广的信息传递给消费者。不同的媒体有不同的传达对象和传达成本，促销效果也不一样。

（6）确定营业推广活动的时间。营业推广活动的时间要根据消费需求时间的特点结合总的市场营销战略来确定，具体包括 3 个方面的内容：举行活动的时机、活动持续的时间、举办活动的频率。

（7）制定营业推广费用预算。企业需根据营业推广的目标和范围等，确定一个适当的促销规模，合理制定企业的促销经费预算。

（8）其他条款。为保证营业推广活动顺利进行，还需制定一些其他条款，如奖励兑换的具体时间、优惠券的有效期、活动的游戏规则、中间商的付款期限等。

四、营业推广的组织实施与评估

（1）实施前的准备工作。实施前的准备工作主要有产品供应、促销人员、零售网点的协作准备，有关活动规则的确定，奖品等的准备，管理与辅助支援工作，活动日程安排，应急计划等。

（2）实施前的检验、预试。营业推广活动是一项公开的社会活动，所以实施前必须对营业推广方案进行检验，审查通过后可小规模地选择卖场进行试点，检验营业推广活动是否有效，是否能被目标群体理解等，通过实验改进方案中的不足，然后大规模地应用推广。

（3）实施过程中的监控与评估。为提高营业推广活动的成效，企业要对实施的过程进行实时的监控，保证活动严格按照策划方案执行，并根据具体情况对方案进行及时的调整和补充。每一次营业推广活动结束后，都要进行效果评估，及时总结经验，寻找不足，为下一次营业推广策划提供有益参考。

学以致用

学校附近的一家饰品店想更好地吸引人气，扩大销售。请你为饰品店制定相应的营业推广策略。

任务5 认知公共关系策略

👤 活动1 了解公共关系的内涵

一、公共关系的含义

公共关系简称公关，是一种组织与公众之间的关系。公众包括政府、消费者、非营利机构、投资人、企业员工等。保持与公众的良好关系是公共关系的主要内容。

公共关系策略是指企业在从事市场营销活动中正确处理企业与公众的关系，以便树立企业的良好形象，从而促进产品销售的策略。

二、公共关系的功能

从企业经营管理的各个环节来看，公共关系的重要性日益凸显。公共关系在处理与新闻界的关系、树立企业形象、建立和维持社会关系以及宣传企业、提高社会影响力等方面扮演了重要的角色。

 案例分析

白象作为食品企业，一直以来追求全体员工物质与精神两方面的幸福，以至诚之心服务消费者，提供自然美味的食品。3月，白象冠名北京冬季残奥会，意外登上热搜，后又陆续被曝出为河南水灾捐款，坚持聘用残疾人（白象有1/3残疾人）等事迹，白象方便面被网友疯狂追捧。"3·15晚会"之后，康师傅和统一因为酸菜事件跌落神坛，白象"独善其身"，赢得了广大消费者的尊重和信服。

分析白象的做法体现了公共关系的哪些功能。

👤 活动2　掌握公共关系促销的步骤

有效公共关系促销是一个由公关调查、公关策划、公关策划实施、公关策划评估4个基本步骤构成的过程。

一、公关调查

公关调查是通过收集资料、数据和事实证据，从中找出问题及问题的原因，为制订公关计划奠定基础。公关调查的主要内容包括组织形象调查、组织社会形象调查、相关公众状况调查、传播媒介状况调查等。

例如，某家宾馆的公关部门就本地宾馆的数量、总床位、本地旅游旺季的游客类别和数量、宾馆知名度、宣传经费、竞争对手、房客不满事件及不满原因等进行调查，及时完善了公司的数据库，为后续制订切实可行的计划打下了坚实的基础。

二、公关策划

公关策划是公关人员在调查的基础上具体制定公关活动方案的过程。其具体流程如下。

（1）确定目标。公关活动的目标应明确、具体，具有可行性和可操作性。如海天酱油事件的公关策划就是为了妥善处理公关活动中的纠纷，争取公众的理解与支持。

（2）主题提炼。公关活动策划的主题是对公关活动内容的高度概括，它在整个公关活动中起着指导作用。公关活动策划的主题设计得是否精彩、恰当，对公关活动的成效影响很大。主题设计一般要考虑3个因素：与目标一致；个性鲜明，独特新颖；具有感召力。

例如，日本精工计时公司为使精工表走向世界，利用在东京举办奥运会的机会，进行了以"让世界的人都了解：精工计时是世界第一流的技术与产品"为目标的公关活动，活动的主题是"世界的计时——精工表"。

（3）分析受众。公关活动策划是以不同的方式针对不同的受众展开的，只有确定了受众，才能选定哪些公关活动方案最为有效。不同的受众群体有着不同的要求。

（4）项目设计。公关项目类型总体上有几类：以信息传播为中心的宣传型活动项目、利用组织已有设施建立社会关系网络的交际型活动项目、以提供各种优惠服务为主的服务型活动项目、以社会性、公益性、赞助性活动为主的社会型活动项目。

（5）时空选择。选择公关时机，如开业日、纪念日、股票上市日、节假日、重大社会活动日等；选择公关空间时，应充分考虑大小、位置、周围环境、条件、空间布置等因素。

（6）选择传播媒介。企业应当根据不同的情况选择适合的传播媒介。如果企业想扩大在全国的知名度和影响力，就可以选择全国性的新闻媒体。如果企业向外传递的信息十分丰富且复杂，就可以选择典礼、活动、会议等形式。

（7）经费预算。经费预算是指为了维护公关部门的日常工作而支付的费用，包括人员经费（工资、补贴、奖金）预算、宣传广告费用、实际活动经费、赞助费等。

三、公关策划实施

公关策划实施的过程是社会组织为了实现既定的公关目标，对公关策划进行具体、详细操作与管理的过程，包括实施的准备阶段、执行阶段、结束阶段。

四、公关策划评估

在公关活动结束后，有关专家或机构依据某种科学的标准和方法，对公关的策划、实施过程及实施效果进行评估和判断，总结成绩和不足，为下一次公关策划提供依据。

案例分析

结合舒肤佳清洁用品公关案例谈谈公关策划的流程。

案例分析

共创健康新世纪——
舒肤佳清洁用品
公关案例

活动3　新媒体时代的危机公关

一、危机公关的含义

危机公关是指应对危机的有关机制，具体是指机构或企业为避免或减轻危机所带来的严重损害和威胁，有组织、有计划地学习、制定和实施一系列管理措施和应对策略，包括危机的规避、控制、解决以及危机解决后的复兴等不断学习和适应的动态过程。危机公关主要分为 3 个步骤：及时控制、真实传播、积极善后。

新媒体时代的危机公关具有以下特点：传播的速度加快，范围扩展；破坏力和影响力十分巨大；信息在网络上的遗留问题也会对企业造成二次影响。

二、危机公关的原则

危机处理 3T 原则是由英国危机公关专家里杰斯特提出的，他强调了危机处理时把握信息发布的重要性。其主要内容有：以我为主提供情况（Tell your own tale），强调危机处理时组织应牢牢掌握信息发布的主动权；尽快提供情况（Tell it fast），强调危机处理时组织应该尽快、不断地发布信息；提供全部情况（Tell it all），强调信息的发布要全面、真实，且必须实言相告。

危机公关 5S 原则是指危机发生后为解决危机所采用的五大原则，包括承担责任原则（Shouldering the matter）、真诚沟通原则（Sincerity）、速度第一原则（Speed）、系统运行原则（System）、权威证实原则（Standard）。

三、危机管理的程序

1. 事前预防阶段

企业应对历史上曾经发生过的危机、同行或类似组织发生过的危机做好应急计划，在组织内部广泛宣传危机应急方案，进行实战演习，并且建立稳定、畅通的公众联系渠道。

2．事中控制阶段

企业应根据危机的影响程度，成立危机管理小组；确定新闻发言人，尽快发出组织信息；尽快调查并公布事件真相，澄清事实；妥善处理与舆论界的关系；慎重处理危机导致的人员伤亡事宜；正确对待流言蜚语。

3．事后处理阶段

企业应总结危机管理的经验和教训，然后重建企业组织形象。在新媒体环境下，企业需要建立健全的危机预防和应对机制，借助互联网技术积极主动地塑造正面的品牌形象，在"信息真空"阶段及时回应公众，减少危机给企业带来的损失与伤害。

案例分析

阅读海天酱油的案例，思考问题：海天酱油的公关人员需要怎样做才能消除网民的负面情绪？

案例分析

海天酱油事件

项目实施

一、撰写广告文案

实训目的：

能够初步撰写广告文案。

实训内容：

为阳光蔬果公司"双十一"活动撰写一则有销售力的广告文案。

实训步骤：

（1）分组进行广告文案的撰写。

（2）每组制作一份广告文案PPT，要求有明确的卖点、消费者立刻购买的理由、明确的购买引导。

（3）团队成员分工进行广告文案陈述。

实训考核：

（1）考核广告文案，可从创意、主题、结构、语言、可行性等方面进行考核（占70%）。

（2）考核个人在实训过程中的表现（占 30%）。

二、制定促销活动方案

实训目的：

能初步运用各种促销方式策划促销活动。

实训内容：

阳光蔬果有限公司在某小区新开设一家便利店。开业时间是 7 月 1 日。该便利店打算开展促销活动，目的是做好新店宣传，给顾客留下好印象，同时创造良好销售商机，增加客流量，提高销售额。

（1）为新店开业制定一个促销活动方案。

（2）促销活动方案要求使用促销组合策略。

（3）活动内容要求丰富且可执行。

实训步骤：

（1）团队成员分工进行新店开业的相关调查和资料收集。

（2）对调查情况进行分析讨论，制定促销活动方案并制作成 PPT。

（3）各团队推选一名成员进行促销活动方案陈述。

实训考核：

（1）考核促销活动方案，可从创意、可行性、完整性、内容丰富度等方面进行考核（占 70%）。

（2）考核个人在实训过程中的表现（占 30%）。

项目总结

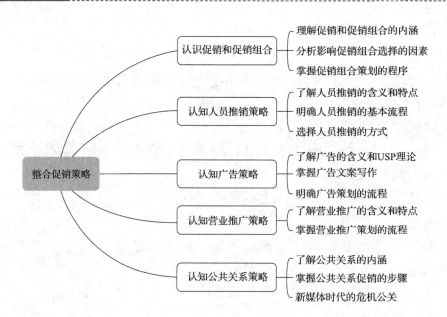

习题

一、选择题

1. 在产品生命周期的不同阶段，所选择的促销手段也应该有所不同。在产品的衰退期，最有效的促销手段是（   ）。

    A. 公共关系   B. 人员推销   C. 营业推广   D. 广告

2. 企业通过各种方式将产品信息传达给消费者，引起消费者的兴趣和关注，激发消费者的购买欲望，促使其购买的行为是（   ）。

    A. 促销   B. 促销组合   C. 营业推广   D. 公共关系

3. 中秋节前夕，某企业开展了特价包装、买一送一等促销活动，此活动实质是（   ）。

    A. 扩大销量   B. 沟通、说服   C. 增加利润   D. 开拓市场

4. 一般来说，（   ）往往适用于消费品的促销。

    A. 广告   B. 营业推广   C. 人员推销   D. 公共关系

二、名词解释

促销 促销组合 人员推销 广告 营业推广 公共关系

三、简答题

1. 选择广告媒体时应考虑哪些因素？
2. 营业推广策划的流程有哪些？
3. 危机处理 3T 原则的主要内容有哪些？

四、案例分析

阅读案例材料，想一想，百事可乐运用了哪些促销策略和手段？

案例分析

可口可乐和百事可乐哪个更好喝？

项目11

市场营销管理

阳光蔬果有限公司是一家以经营当地特色农产品及农产品初加工为主的公司。经过一段时间的经营之后，公司取得了不错的成绩，年度营销计划也圆满完成。公司决定继续发力，制订一个未来5年的营销计划。但是5年计划和年度计划有很大的不同，尤其是在现在营销技术更新快，消费者兴趣变化大，市场环境变幻莫测背景下。因此，公司组织市场部工作人员进行计划商讨，经过讨论，大家一致认为在制订5年营销计划时必须考虑时效性和可操作性的问题，保证计划能够顺利执行。那么你认为年度计划和5年计划有哪些不同，在制订长期计划时有哪些注意事项？

学习目标

1．掌握市场营销计划的内容。
2．明确市场营销执行的过程。
3．明确市场营销控制管理的内容。
4．能够制订市场营销计划，进行年度营销费用预算。
5．能够识别市场营销执行中的问题。
6．能够有效地实施市场营销控制管理。
7．培养组织管理能力和企业家精神。
8．培养战略思维，树立全局观。

任务1 市场营销计划管理

活动1 了解市场营销计划的分类

一、市场营销计划的含义

市场营销计划是市场营销活动方案的具体描述，它规定了企业各种经营活动的任务、策略、目标及具体指标和措施。其作为企业指导、协调市场营销活动的主要依据，对营销活动涉及的人、财、物进行事先安排，将营销策划的结果一步步落实到具体行动中。

 小讨论

说一说营销策划、营销计划和营销管理的联系与区别。

二、市场营销计划的分类

1．按照时间的长短分类

按照时间的长短，市场营销计划可分为长期计划、中期计划和短期计划。

长期计划的期限一般在 5 年以上，主要是确定未来发展方向和奋斗目标的纲领性计划。中期计划的期限在 1 ～ 5 年。短期计划的期限通常为 1 年，如年度营销计划。

2．按照涉及范围的大小分类

按照涉及范围的大小，市场营销计划可分为总体营销计划和专项营销计划。

总体营销计划是企业营销活动的全面、综合性计划。专项营销计划是针对某一产品或特殊问题而制订的计划，如品牌计划、促销计划、定价计划等。

3．按照计划程度分类

按照计划程度的不同，市场营销计划可分为战略计划、策略计划和作业计划。

战略计划是对企业在未来市场占有的地位及采取的措施所做的计划。策略计划是对营销活动某一方面所做的计划。作业计划是各项营销活动的具体执行性计划，如一项促销活动，需要对活动的目的、时间、地点、活动方式、费用预算等做计划。

活动2　掌握市场营销计划的内容

市场营销计划是企业进行营销活动的书面行动计划，要求结构完整、层次清晰、主线明确、战略统领。市场营销计划的内容主要包括计划概述、现状分析、SWOT 分析、目标、营销战略、营销活动方案、营销预算、营销控制等。

一、计划概述

计划概述是对主要目标和营销措施的简短摘要，目的是使阅读者迅速了解该计划的主要内容，抓住计划的要点。它是市场营销计划的高度概括。企业高层决策者往往通过目标的可实现性、营销战略的可行性及行动方案的可操作性来把握计划的要点。

二、现状分析

现状分析主要提供与市场、产品、竞争、分销以及宏观营销环境因素有关的背景资料，具体内容如下。

（1）市场状况。市场状况包括目标市场的规模及其成长性的有关数据、顾客的需求状况等。例如，目标市场近年来的年销量及其增长情况、在整个市场中所占的比例等。

（2）产品状况。产品状况包括企业产品组合中每一个品种的销售价格、市场占有率、成本、费用、利润率等数据。

（3）竞争状况。识别企业的主要竞争者，并列举竞争者的企业规模、目标、市场份额、产品质量、价格、营销策略及其他有关特征，以了解竞争者的意图、行为，判断竞争者的变化趋势。

（4）分销状况。描述企业产品的分销渠道的类型及其在各种分销渠道上的销量。

（5）宏观营销环境状况。对宏观营销环境的状况及其主要发展趋势进行简要介绍，包括人口环境、经济环境、技术环境、政治法律环境、社会文化环境等，从中判断某种产品的发展趋势。

三、SWOT分析

SWOT分析即机会风险分析，首先对计划期内企业营销所面临的主要机会和风险进行分析，然后对企业营销资源的优势和劣势进行系统分析。在机会与风险分析、优势与劣势分析的基础上，企业可以确定在该计划中需要注意的主要问题。

四、目标

目标是企业营销计划的核心内容。一方面，要确定在销量、市场占有率或利润等方面要达到的期望值；另一方面，要制定科学的目标管理体系，包括财务目标和营销目标等。各目标都要加强目标的适度激励、可量化、时间约束与可实现性。

五、营销战略

描述企业要达成目标所应采取的营销战略、途径、营销组合等内容，包括市场细分、目标市场的确定、市场定位、产品、价格、渠道、促销等。任何一种营销战略的实施都需要得到供应链成员、人力资源、财务、生产、采购、后勤等部门的大力支持。

六、营销活动方案

针对营销战略的实施制定详细的营销活动方案，阐明以下问题：将做什么？何时开始？何时完成？谁来做？成本是多少？整个活动方案可以列表加以说明，表中应具体说明每一时期应执行和完成的任务及时间安排、任务要求和费用开支等，使整个营销战略落实于行动，并能循序渐进地贯彻执行。

七、营销预算

营销预算是营销活动开展的硬约束。预算的提出依据要充分、合理、契合企业的实际情况，并要区别不同情况，做到刚性与柔性预算的统一。

八、营销控制

企业依据目标、营销活动方案、营销预算等定期检查营销计划的执行情况。营销控制的基础是计划目标的拟定，而计划目标是通过预测来确定的。外部环境存在不确定性，因此强化对营销活动开展的判断力训练和基于权变导向的应变准备是营销控制环节中必不可少的。此外，各种简单易行、切合企业实际情况的控制机制、模式、手段、方法，是防止营销计划偏离正常目标的重要保证。

活动3　明确营销预算

营销预算是指执行各种市场营销战略、政策所需的最适量的预算以及在各个市场营销环节、各种市场营销手段之间的预算分配。

一、营销预算的作用

营销预算通常是企业最早要确定的预算项目，是企业运营的重要控制工具。营销预算的作用主要体现在以下 3 个方面。

1. 营销预算是执行经营战略的重要环节

企业的经营战略决定企业将继续在某个产品领域扩大影响，追求更高的市场份额，那么，该年度及以后的若干年度营销预算就应该体现这一特征，销售收入要增加，同时用于进一步扩大市场份额所需的资源也应该增加。

2. 营销预算是协调各个部门工作的重要工具

营销预算的各项重要指标与企业的生产、供应、财务、研发等息息相关。根据营销预算中的产品销量预算要求，生产部门要配备匹配的资源，供应部门要做好生产部门完成生产任务所需的各种包装、原材料甚至机械设备的准备工作，财务部门要确保企业的现金流不出现缺口等。有关部门一旦发现相关预算与营销预算存在不协调之处，就必须讨论解决。

3. 营销预算是评价营销部门工作绩效的标准和依据

营销部门会把总体的营销预算再进行细化，分派到更下一级的预算单位，因此营销预算也是营销部门内部的工作绩效评价标准。一般来说，每月至少评估一次，主要是观察预算指标与实际执行情况的对比，如果存在差异，要对差异进行分析，并找到解决的方案，所以，营销预算也是一种控制工具。

二、营销预算的指标

营销预算通常有销售收入预算、销售成本预算、营销费用预算 3 个指标。

1. 销售收入预算

销售收入预算是最为关键的，也是最不确定的指标。不同行业、不同企业的不确定性程度不同。例如，某些企业的产品合同交货时间排到三年后了，那么这些企业的业务销售收入就比较确定，主要与生产能力有关；有的企业的收入与国家政策或者国际经济环境有关，往往其不确定性就大。无论如何，销售收入预算需要尽可能准确，可以先确定一些基本的原则和假设条件，然后预测在这样的前提下销售收入的情况。

2．销售成本预算

营销预算中每种产品规格的销量预算必须清楚，这样生产经理才可以做出销售成本预算。一般来讲，生产经理预算出的销售成本与营销预算计算出来的销售成本会有所不同，这主要是由产品的库存状况造成的。同时，在生产经理看来，形成产品的各种材料还需要有一定的库存，这些对成本和现金流都会有影响。

3．营销费用预算

营销费用预算可以分为市场费用预算和行政后勤费用预算两大类。市场费用是为了实现销售所产生的费用，而行政后勤费用主要是指订单处理费用、运输费用、仓储费用、顾客投诉处理费用、后勤人员薪酬等。行政后勤费用因为与市场营销有关，所以也被列入营销费用。

任务2 市场营销执行管理

👤 活动1 明确市场营销执行的过程

市场营销执行是指将市场营销计划转化成具体的行动和任务的过程，并保证这些行动的有效实施和任务的完成，以实现市场营销计划所制定的目标。市场营销执行的过程主要有以下5个环节。

一、制定行动方案

为了有效地实施市场营销战略，企业必须制定详细的行动方案。这个方案应该明确市场营销战略实施的关键决策和任务，并将执行这些决策和任务的责任落实到个人或小组。另外，行动方案还应包含具体的时间表，应定出行动的确切时间。

二、建立组织结构

企业的正式组织在市场营销执行过程中起着决定性作用，组织将战略实施的任务分配给具体的部门和人员，规定明确的职权界限和信息沟通渠道，协调企业内部的各项决策和行动。具有不同战略的企业，需要建立不同的组织结构。组织结构具有两大职能：一是提供明确的分工，将全部工作分解成管理的几个部分，再将它们分配给各有关部门和人员；二是发挥协调作用，通过正式的组织联系沟通网络，协调各部门和人员的行动。

三、设计决策和报酬制度

为实施市场营销战略，企业还必须设计相应的决策和报酬制度。这些制度的优劣直接关系战略实施的成败。就企业对管理人员工作的决策和报酬制度而言，如果以短期的经营利润为标准，则管理人员的行为必定趋于短期化，他们就不会有为实现长期战略目标而努力的积极性。

四、开发人力资源

市场营销战略最终是由企业内部的工作人员来执行的，所以人力资源的开发至关重要。这涉及人员的考核、选拔、安置、培训和激励等问题。在考核、选拔管理人员时，企业要注意将适当的工作分配给适当的人，做到人尽其才；为了激励员工的积极性，企业需要建立完善的工资、福利和奖惩制度。

五、建设企业文化

企业文化指企业内部全体人员共同持有和遵循的价值标准、基本信念和行为准则。企业文化对企业经营思想和领导风格、职工的工作态度和作风均起着决定性的作用。企业文化包括企业环境、价值观念、企业道德、仪式、文化网等要素。企业环境是形成企业文化的外界条件，它包括一个国家、民族的传统文化，也包括政府的经济政策以及资源、运输、竞争等环境因素。价值观念是指企业职工共同的行为准则和基本信念，是企业文化的核心和灵魂。企业道德是指调整该企业与其他企业之间、企业与消费者之间、企业内部员工之间关系的行为规范的总和。仪式是指为树立和强化共同价值观，有计划进行的各种例行活动，如各种纪念、庆祝活动等。文化网则是传播共同价值观和宣传介绍企业道德的各种非正式的渠道。

活动2 识别市场营销执行中的问题

一、计划脱离实际

企业的市场营销战略和市场营销计划通常是由企业上层的专业计划人员制订的，而执行则要依靠市场营销管理人员，如果这两类人员之间缺少必要的沟通和协调，就会导致下列问题的出现。

（1）专业计划人员忽视执行中的细节，结果使计划过于笼统和流于形式。

（2）专业计划人员不了解计划执行过程中的具体问题，导致计划脱离实际。

（3）市场营销管理人员在执行过程中遇到困难，他们并不完全理解需要他们去执行的战略。

（4）战略脱离实际，导致专业计划人员和市场营销管理人员相互不信任。

小讨论

市场营销执行过程中，如何保证计划不脱离实际？

二、长期目标和短期目标存在矛盾

市场营销战略通常着眼于企业的长期发展目标，涉及未来三至五年的经营活动。但对具体执行这些战略的市场营销管理人员的评估和激励通常是根据他们的短期工作绩效，如销量、市场占有率或利润率等指标来进行的。因此，市场营销管理人员常选择短期行为。

三、新旧战略存在冲突

企业当前经营活动的开展往往是为了实现既定的战略目标，新的战略如果不符合企业的传统和习惯就会遭到抵制。新旧战略的差异越大，执行新战略遇到的阻力也就越大。要想执行与旧战略截然不同的新战略，常常需要打破企业传统的组织结构与供销关系。

四、执行方案笼统

有些战略计划之所以失败，是因为专业计划人员没有制定明确而具体的执行方案。实践证明，许多企业之所以陷入困境，是因为缺乏一个能够使企业内部各有关部门协调一致作战的具体实施方案。

任务3 市场营销控制管理

活动1 明确市场营销控制管理的内容

一、年度计划控制

控制年度计划是为了保证企业实现其在年度计划中所定的销售、利润及其他目标。年度计划控制包括以下4个步骤。

（1）在年度计划中建立月度或季度目标作为基准点。

（2）监视在市场上的执行绩效。

（3）对任何偏离行为的原因做出判断，并采取改正行动。

（4）弥补目标和执行实绩之间的缺口。

二、赢利能力控制

赢利能力控制是指企业通过分析和比较其不同的产品、地区、顾客群、销售渠道和订货量等方面的获利能力，并在此基础上决定哪些产品或者营销活动应该扩大、收缩或者取消，从而保持和提高企业的赢利能力。赢利能力分析的目的是找出影响活力的因素，以便采取相应的措施排除或削弱这些不利因素的影响。

三、营销效率控制

营销效率控制是指企业在赢利能力分析的基础上，进一步考察是否存在更有效的方法来管理营销队伍、广告、促销和分销等营销活动的过程。因此，营销效率控制也就相应地包括这4个方面。通过对这4个方面相关指标的考察，市场营销管理人员可以及时发现需要进一步改进的方面，从而提高营销效率。

四、战略控制

战略控制是营销管理中最高层级的控制，它是对企业环境、战略、经营目标及整体营销水平的控制、评价、检验过程，也称营销审计。其目标是确保企业的目标、政策、战略和措施与市场营销环境相适应。由于营销审计更关注未来，要不断根据最新的情况重新评估计划和进展，因此，营销审计不只是审查几个容易出问题的环节，而是覆盖整个营销环境、内部营销系统，以及具体营销活动的方方面面。营销审计应当定期进行，并且为保证其客观性，最好由企业外部相对独立且经验丰富的营销审计机构来实施。

知识拓展

市场营销审计

👤 活动2　掌握市场营销控制的基本过程

市场营销控制过程较为复杂，涉及的要素较多。在市场营销控制的基本过程中，企业必须做好以下4个方面的工作。

一、制定标准

标准是检查和衡量营销实际工作的依据，应当具体、尽可能量化。标准的制定应切合企业实际，并有激励作用。企业制定标准还需考虑因产品、地区、竞争等不同而产生的统一性与差别化的协调，不能要求两个不同地区的推销人员创造同样的销售业绩。

二、衡量绩效

衡量绩效就是将控制标准与实际结果进行比较。若结果与标准相符，或好于标准，则应总结经验，继续工作；若结果未达到标准，也没超过承受范围，则应找出原因。

三、偏差分析

产生偏差通常有两种情况：一是计划执行过程中的问题；二是计划本身的

问题。例如，企业的推销人员没有完成预定的销售指标，可能是因为自己的能力或投入不足，也可能是因为销售指标定得过高。在实践中，产生偏差的原因往往是复杂多样的，因此，市场营销管理人员必须综合考虑各种因素。

四、纠偏行动

明确了产生偏差的原因后，一般有以下两种应对措施。

1．修改标准

当导致偏差的因素不可控时，企业需要修改标准。如预计市场份额标准太高，企业根本无法达到，而影响市场份额的因素有些是不可控的，此时，就需要调低市场份额标准。

2．采取纠偏措施

当导致偏差的因素可控时，企业没有必要修改标准，而要针对可控因素，采取纠偏措施。如原定降低促销费用 8%，而实际降低了 5%，分析原因后发现：推销人员的差旅费几乎没有下降，实际不需要安排这么多的出差任务。因此，推销人员需要严格控制、减少出差，通过其他低成本的方式与客户保持联系。

项目实施

一、制订市场营销计划

实训目的：

能针对不同的需求状况初步制订营销计划。

实训要求：

各团队在广泛调研的基础上，为阳光蔬果有限公司制订一份年度营销计划，并规划营销费用。请将结果记录在表 11-1 中。

表 11-1　市场营销计划

研究内容	研究结果
年度营销计划	
营销费用总金额	
营销费用明细	

实训步骤：

1. 团队成员分工进行相关调查和资料收集。

2. 经过分析讨论制订年度营销计划，并合理规划营销费用，制定营销费用明细。

3. 各团队推选一名成员针对年度营销计划进行陈述。

实训考核：

1. 可从营销计划的可行性、完整性、成本的经济性等方面进行考核（70%）。

2. 考核个人在实训过程中的表现（30%）。

二、市场营销执行管理

实训目的：

了解市场营销执行中的常见问题，根据营销计划制定实施方案。

实训要求：

根据年度营销计划制定实施方案，将结果记录在表 11-2 中。

表 11-2　年度营销计划实施方案

研究内容	研究结果
营销计划实施方案	
设计思路解析	

实训步骤：

1. 团队成员分工收集相关资料，了解营销执行中的常见问题。

2. 根据年度营销计划，制定实施方案，并解析设计思路。

3. 各团队推选一名成员进行营销计划实施方案的陈述。

实训考核：

1. 可从实施的步骤、保障措施等方面进行考核（70%）。

2. 考核个人在实训过程中的表现（30%）。

项目总结

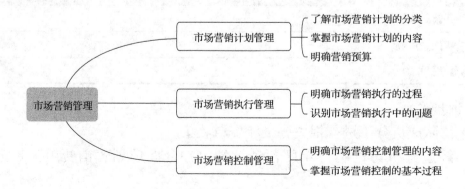

习题

一、选择题

1. 年度市场营销计划属于（　　　）。

　　A. 短期计划　　　B. 中期计划　　　C. 长期计划　　　D. 中长期计划

2. 市场营销执行中的问题不包括（　　　）。

　　A. 计划脱离实际　　　　　　　　B. 长期目标和短期目标存在矛盾

　　C. 具有因循守旧的惰性　　　　　D. 执行方案笼统

3. 企业文化的核心和灵魂是（　　　）。

　　A. 企业环境　　　B. 价值观念　　　C. 企业道德　　　D. 仪式

二、判断题

1. 在营销预算指标中，销售收入预算是最为关键的，也是最不确定的指标。

（　　　）

2. 在市场营销控制过程中，营销目标作为一个整体不需要被分解。（　　　）

3. 营销预算通常有销售收入预算、销售成本预算、营销费用预算 3 个指标。

（　　　）

4. 战略控制是营销管理中最高层级的控制。（　　　）

三、名词解释

市场营销计划　营销预算　盈利能力控制　战略控制

四、简答题

1. 简述市场营销计划的内容。
2. 市场营销执行的过程主要有哪几个环节？
3. 市场营销控制管理有哪些内容？
4. 简述市场营销控制的基本过程。

五、案例分析

请阅读配套资源中的案例资料，分析华为公司的治理体系中哪些内容和营销管理相关。

案例分析

华为公司的治理体系

项目12
市场营销的新发展

情境导入

仍以阳光蔬果公司为例，经过前期的发展，公司的销量和利润都有了一定的提高。公司决定在未来进一步增加销量、提高市场占有率。但是由于常规的销售手段和促销策略效果有限，公司市场部决定采取新颖的营销策略。为了吸引更多的消费者，市场部小李认为现在比较流行的是跨界，可以采取跨界营销的方式。除此之外，还可以采用事件营销和数字技术赋能农产品营销。假如你是市场部小李，你将如何具体开展跨界营销，又将如何实施事件营销、数字营销和VR营销？

学习目标

1．了解市场营销的新发展形式。
2．掌握跨界营销、事件营销、数字营销、VR营销的概念与特点。
3．能系统地分析优秀营销案例，挖掘促使营销成功的要素。
4．能初步进行跨界营销、事件营销、数字营销、VR营销的方案策划。
5．培养营销前沿意识和创新精神。
6．培养守正创新、善于变通的企业经营发展理念。

任务1　认知跨界营销

随着年轻人成为消费市场的主力军，其追求个性化的特征被企业充分重视，并以此作为营销落脚点。跨界联动成了品牌争相抢占的营销新风口：大白兔联合气味图书馆，满记甜品联手《流浪地球》，顶级流量IP故宫尝试各种跨界合作、六神与乐乐茶联名推出饮品……可见，近年来无论是现象级"网红"品牌，还是历经沉淀的传统老字号，通过IP跨界混搭，制造热门话题，可让品牌不断焕发新的生命力，实现"1+1>2"的营销效果。

活动1　明确跨界营销的概念与特点

一、跨界营销的概念

跨界营销是指根据不同行业、不同产品、不同偏好的消费者之间所拥有的共性和联系，把一些原本毫不相干的元素进行融合、互相渗透，进而凸显出一种新锐的生活态度与审美方式，并赢得目标消费者的好感，给消费者创造新鲜的体验，产生更具张力的品牌联想。

二、跨界营销的特点

1．品牌间相似的消费群体
跨界营销面向的是相同或类似的消费群体。大致相似的消费群体可以让跨界联合产品的市场接受度更高，消费吸引力更强。跨界品牌合作既可以吸引相似的消费群体，又可以打通市场壁垒，吸引更多消费者。企业在进行跨界营销活动时，需要对目标消费群体做详细深入的市场调研，深入分析其消费习惯和品牌使用习惯，作为营销和传播工作的依据。

2．个性、亮眼的主题
跨界营销本就携带创新特征，为推动营销玩法的出圈，创造新奇的体验，其往往具有个性、亮眼的主题。流量时代，有趣有料的话题能够吸引众多消费者。

3．多维度的曝光

跨界营销强调传播的价值，以及新流量的创造与吸引，因此多维度曝光是跨界营销非常重要的特征。品牌要注意摒弃单一的传播方式，通过多维度曝光，增加传播趣味，以激发消费者的兴趣。

 小讨论

> 茅台与蒙牛合作推出茅台冰淇淋，线上线下双管齐下，线上销售范围覆盖全国绝大部分省市；同时在线下开设了北京、上海、深圳近20家旗舰店。随着茅台冰淇淋的售卖区域不断增大，相关的短视频和"种草"文章更是井喷式增长。茅台冰淇淋随之打出"冰醇之爱只为你"的广告词，体现了茅台冰淇淋的核心卖点，融合冰淇淋奶香与茅台酒的醇香，给消费者双重醇厚的享受。此番联名的业绩十分亮眼，茅台冰淇淋销售额超过1.4亿元。
>
> 请分析上述材料中体现的跨界营销特点。

活动2　了解常见的跨界营销方式

一、产品跨界

产品跨界通常是在同一件产品中融合两个品牌的特征和文化，成为两个品牌的"结合体"。双方可以借助对方的形象或文化去强化或优化自身，进而产生品牌形象溢价，跨界合作后必须让原有的品牌形象有所加强或改善，这是核心诉求。

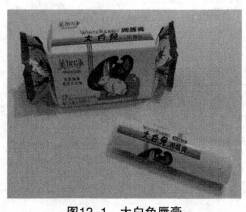

图12-1　大白兔唇膏

产品跨界有两种形式。一种是品牌推出与原有业务完全不相关的产品，如一直以来都生产食品饮料的旺旺推出了一个"社会人系列"产品，里面包括面膜、洗面奶、二锅头等非旺旺主营业务的产品，令人感到非常好奇与有趣，立刻引发了广泛的讨论和关注。另一种是品牌与品牌之间联合推出产品，如大白兔奶糖曾与美加净出品一款"大白兔唇膏"（见图12-1），成为一个成功的跨界营销案例。

二、内容跨界

内容跨界是跨界品牌双方共创融入彼此元素的内容，用内容触达双方品牌的受众，在此过程中，消费者既是倾听者，又是共创者。品牌进行内容跨界，构建独特的品牌语言，以全新的方式讲述品牌故事，以此塑造品牌的大众识别度，实现品牌形象与精神价值的双重升级。此类合作门槛低，在市场上易形成激烈竞争的态势，要想成为爆款，对品牌内容的要求比较高。内容跨界主要体现在文化领域的 IP 内容与其他商业品牌的合作。

三、渠道跨界

渠道跨界是指两个合作品牌基于渠道共享而进行的合作。通过跨界合作借助对方的销售渠道，在其中植入自己的产品，或者通过自身品牌的文化特征与对方的销售场景相联系，借助其中的共通点，强化消费者对于产品的认知与认同。例如，很多电视节目会有赞助商，这些赞助商其实就是借用节目的宣传来进行推广，在观众心中留下印象。

任务2　认知事件营销

每逢过年，"集齐支付宝五福了吗？"似乎成了大家问候时的常用话语。截至 2022 年，累计参与集五福的人数已经超过了 7 亿。虽然最终获得的钱不多，只有 2.88 元或 3.68 元，但是很多人愿意沉浸其中，享受这个过程，而不是结果。集五福事件让支付宝每逢过年都赚足了眼球与关注度，也让诸多企业看到了借助事件营销可以造就的讨论热潮。

活动1　明确事件营销的概念与特点

一、事件营销的概念

所谓事件就是能产生新闻影响力的事情。事件可以是一个线上或线下活动，也可以是一个病毒视频，还可以是某个行为、某个广告、某句话，关键是事件要能产生新闻影响力，具有自发传播的能力。简单地说，事件营销就是通过把握新闻的规律，制造具有新闻价值的事件，并通过具体的操作，让这一新闻事件得以传播，从而达到广告的效果。

二、事件营销的特点

1. 目的性

事件营销策划的第一步就是明确营销事件要达到的目的，以及什么样的新闻可以让公众帮助自己达到目的。

2．风险性

事件营销的风险来自媒体的不可控和公众对新闻的理解程度。例如，一些企业选择走"黑红"路线，利用负面新闻提高企业曝光度，通过成为人们茶余饭后的谈资来"引爆"流量。但如果媒体发掘了背后的真相，将实情报道给公众，那么就很可能使得公众对该企业产生反感情绪，从而伤害企业利益。

3．成本低

事件营销一般借助社交平台，以软文推广的形式来表现，从而达到传播信息的目的。相较于传统的电视广告，事件营销的成本要低很多，降低了企业的宣传费用，可以产生低投入高回报的宣传效果，甚至让企业一夜成名。

4．多样性

事件营销是一种近年来十分流行的公关传播与市场推广手段，它具有多样性，可以集新闻、广告、公共关系、形象传播、客户关系于一体来进行软文营销策划。多样性的事件营销已成为营销传播过程中的一把利器。

5．新颖性

公众大多对新奇、反常的事件有极大的好奇心，尤其是当下的热点事件。事件营销便是通过塑造热点事件进行营销，利用事件的新颖性吸引公众点击浏览，创造讨论热度。

活动2　了解常见的事件营销方式

事件营销一定要找到品牌与热点事件的关联点，不能脱离品牌的核心价值，这是事件营销成功的关键。品牌的诉求点应该与事件的核心点、公众的关注点重合在一起，形成三点一线，贯穿一致。

常见的事件营销方法有新闻炒作、病毒式传播、名人效应以及实事攻略。

一、新闻炒作

新闻炒作是利用媒体的力量制造热点事件，从而提高企业知名度和影响力的网络营销方式。企业通过新闻炒作让更多的人知道企业的产品、服务等情况。

二、病毒式传播

病毒式传播是通过一些有趣、好玩的内容吸引用户关注并主动参与进来的网络营销策略。这种方式不仅成本低廉而且见效快，能快速地扩大影响力和覆盖面，还能让用户形成一种依赖心理。

三、名人效应

名人可以是音乐、影视、体育和文化等领域的。企业可以根据自身的需求、资源和时机,寻找合适的名人合作。需求是企业铁定的要求,一般不能轻易更改;资源主要看策划时能找到哪些名人合作;时机是指企业当时所处的环境的态势。三者合一,进而筛选出最终方案。

事实上,名人是社会发展的需要与大众主观愿望相交合而产生的客观存在。诸多企业选择利用名人效应来增加产品的附加值。

四、实事攻略

企业通过一些突然、特定发生的事件进行一些特定的活动,在活动中达到自身的目的。实事往往需要有突发性,对于突发的事件,企业最好能够进行快速反应。实事基本分为政治事件、自然事件和社会事件。

在我国"第一宇航员"杨利伟返回地球的同时,印有"中国航天员专用牛奶"标志的蒙牛牛奶就即刻出现在全国的各大卖场中,配合着身穿宇航服的人物模型和其他各种醒目的航天宣传标志,"航天员专用牛奶"引起了众多消费者的关注。一时之间,蒙牛利用中国载人飞船成功返航这一喜人事件进行了新闻营销。

任务3 认知数字营销

近年来,网易云音乐一直吸引着用户的眼球,让用户踊跃地参与到其中。网易云音乐的年度歌曲清单利用大数据海量收集用户的听歌信息和数据。每个用户哪首歌听得最多、发出了什么评论、听歌时间、听歌习惯等都会显示在这个专属的歌曲清单中。

简而言之,在大数据的影响下,品牌可以实现诸如年度个人歌曲清单之类的交互形式,并且可以为每个用户量身定做歌曲清单,达到精细化营销的目的。这种营销模式称为数字营销,利用数据驱动了解用户的喜好和需求,可以与每个用户建立情感联系。

👤 活动1　明确数字营销的概念与特点

一、数字营销的概念

所谓数字营销,就是指借助于互联网络、计算机通信技术和数字交互式媒体来实现营销目标的一种营销方式。数字营销利用先进的计算机网络技术，以最有效、最省钱的方式谋求新市场的开拓和新消费者的挖掘。数字营销包含多种形式，如搜索引擎优化、搜索引擎营销、社交媒体营销、电子邮件营销等。利用数字渠道，企业可以与消费者进行实时交互和个性化沟通。

二、数字营销的特点

1．精准定位

通过数字渠道，企业可以准确地定位目标消费者，根据消费者的兴趣、行为和偏好，实现精准投放广告和内容，提升营销效果，提高转化率。

2．互动性

数字营销通过社交媒体、在线调查、评论等形式，让消费者参与到品牌营销中，增强品牌与消费者之间的互动和信任。

3．数据驱动

数字营销依赖数据分析，通过跟踪消费者的行为数据和交互数据，了解消费者的喜好和需求，优化营销策略，提高投资回报率（ROI）。

4．实时反馈

数字营销的优势之一是可以实时获取数据和反馈，通过实时监测和分析营销效果，及时调整策略，提高市场反应速度。

5．产品信息

互联网可以提供当前产品详尽的规格、技术指标、保修信息、使用方法等，甚至对常见的问题提供解答。消费者可以方便地通过互联网查找产品、价格、品牌等。

 案例分析

2021年，特步集团与 TalkingData 达成合作，共同展开在消费者数字化运营方面的探索，推进数字化运营能力持续升级。TalkingData 帮助特步集团搭建消费者数据运营平台（CDP），联动全部的消费者数据，整合各个业务系统的会员/订单数据、媒体投放数据、私域行为数据等，构建业务标签体系，沉淀特步集团数字资产，并且补充 TalkingData 的人口属性预测和兴趣偏好等标签，丰富特步集团消费者画像。深度洞察消费者，支持品牌进行人群的精细化运营，同时在触达目标用户、回流人群二次运营、私域精细化运营等业务场景中不断进行应用试点，验证效果、迭代优化，利用数据赋能消费者洞察与运营，并驱动全渠道业务增长。

结合案例资料，讨论数据智能如何赋能消费者数字化运营？

👤 活动2　了解常见的数字营销方式

一、搜索引擎优化

搜索引擎优化（Search Engine Optimization，SEO）是通过优化网站结构和内容，使网站在搜索引擎排名中获得更有利的位置，从而提高网站的有机流量。美国家具零售商 Wayfair 正是通过搜索引擎优化提高了在线销售业绩。通过深入了解潜在客户的搜索习惯和关键词，Wayfair 对网站内容进行了优化，不仅增加了相关家具产品的详细描述和关键词，还优化了网站结构，改进了页面速度等。这些优化措施提高了网站在搜索引擎中的排名，让更多的潜在客户能够找到网站中的产品。

二、搜索引擎营销

搜索引擎营销（Search Engine Marketing，SEM）是通过购买关键词广告，在搜索引擎中展示广告，吸引潜在客户点击进入网站。这种形式的广告在搜索引擎结果页面的顶部或底部显示，能够迅速获得流量，并且根据出价和广告质量，排在相应的位置。

三、社交媒体营销

社交媒体营销利用社交平台（如微信、微博等）进行品牌宣传、内容推广和客户互动，通过发布有趣、有用、能引起共鸣的内容，吸引客户关注，增加品牌曝光和客户参与。例如，"可口可乐"广泛使用社交媒体来加强与客户之间的联系，经常发布有趣的推文和照片，与粉丝互动，分享有趣味的内容和活动，增加品牌关注度。

四、电子邮件营销

电子邮件营销是通过发送电子邮件，向潜在客户或现有客户提供有关产品、促销、新闻等信息。有效的电子邮件营销能够建立品牌忠诚度，并促进产品销售。

"亚马逊"很善于利用电子邮件营销来向客户发送个性化的产品推荐和促销信息，根据客户的购买历史、浏览行为和兴趣爱好，向客户发送特定产品的推荐和折扣信息，从而促进客户再次购买和增加销售量。

任务4　认知VR营销

在许多电影中，主角惊奇、有趣的冒险经历是一大看点。如何让观看者更沉浸式地代入主角视角是电影行业一直想突破的难题。最近，电影行业推出了一种新兴的营销模式，在产品预售阶段，通过推出虚拟现实的应用让消费者提前感受影片的震撼效果。例如，为了配合电影《云端行走》的宣传，索尼影业推出了相关应用，带领消费者体验在美国世贸大厦的两栋高楼之间走钢丝的感觉。这种营销模式称为 VR 营销。VR 营销寻求传统营销与虚拟现实技术的碰撞融合，是一种改变营销行业未来的新模式。

👤 活动1　明确VR营销的概念与特点

一、VR营销的概念

VR 营销是利用虚拟现实技术来构建生动、逼真和互动的品牌和产品体验，从而吸引和留住消费者的一种新兴的营销方式。VR 营销可以为消费者提供更加深入和具有感染力的购物体验。

作为 5G 下的主要营销手段，VR 营销带给消费者的体验是不同寻常的。消费者经过 VR 营销体验后将会与产品之间潜移默化地建立起不可分割的情感关系，使得售后的退货率降至最低。VR 体验打破了传统的地域限制和空间的限制体系，不仅仅为商家、企业，更为消费者节省大部分的时间成本和消费成本。

二、VR营销的特点

1. 沉浸感

VR 营销作为一种新的营销形式，利用虚拟现实技术，契合品牌营销的基因，对企业真实环境、真实产品进行 1∶1 全景展示，让消费者能够全方位地感受与真实环境所观察的场景一样的效果。例如，许多门店基于 VR 技术设置了 360°产品陈列功能，当需要仔细观察产品细节时，360°产品展示能够多维度立体化地展现商品，让消费者无须到店就能实现对不同型号、类别、不同档次产品的3D 实景对比。

2. 交互性

消费者基于 VR 技术与品牌进行交互的可能性大大提高。相比于传统营销模式的单向宣传，VR 全景营销可以让消费者自主的操作，自由选择场景，消费者参与其中，只需手指滑动就可以自由转动视角，还能对产品放大缩小，以此来进行细致的观察，多视角观看、自由环视、远近缩放，一切动作都尽可能模拟人眼习惯，吸引消费者不断深入探究与交互，通过留言评论、引导组件等形式将品牌互动融入消费者体验中，带动消费者情绪，引起需求与共鸣。

3. 推动消费决策

VR 技术可以帮助消费者高效筛选产品，目标性更强，确定性更高，咨询过程更流畅，从而有效推动消费者做出购买决策。同时，VR技术的采用可以提升品牌在消费者心目中的形象，这无疑会大大提高企业的竞争力。

 小讨论

现如今VR虚拟设备逐渐增多，说明消费者对VR技术的认可和肯定。这在一定程度上说明了VR技术在体验营销应用中的光明前景。然而，VR技术优势与劣势并存，机遇与威胁并存。试讨论VR营销的优势和劣势（可以从VR技术本身、消费者视角、企业视角进行分析）。

活动2 了解常见的VR营销方式

一、VR视频

VR视频又名全景视频，是指用专业的VR摄影功能将现场环境真实地记录下来，再通过计算机进行后期处理，所形成的可以实现三维的空间展示功能的视频。

VR视频是通过沉浸式的视觉感受和交互反馈，将企业产品及形象分享至互联网，用户可以在线上随时观看，更加真实全面地了解企业及其文化。VR视频支持图文、视频、音频等宣传内容，可以通过分享至第三方平台进行多渠道宣传，同时支持在手机、PC、VR眼镜等多种终端设备中展示。

《千年一瞬——敦煌九色鹿限定数字壁画》将"AI+AR"技术与敦煌IP融合，焕活千年敦煌新魅力。这是科技与文化的跨界碰撞。通过手机App扫描产品实物，屏幕中便会开启一扇虚实穿梭的"任意门"，将人们从现实世界带到敦煌莫高窟257窟数字空间中，仿佛穿越时空隧道，一眼千年，给消费者带来创新的沉浸式体验。

二、虚拟旅游

所谓虚拟旅游，指的是建立在现实旅游景观基础上，利用虚拟现实技术，通过模拟或超现实景，构建一个虚拟的三维立体旅游环境，网友足不出户，就能在三维立体的虚拟环境中遍览远在万里之外的风光美景。

三、VR直播

VR直播是虚拟现实与直播的结合。与传统的电视观看相比，VR直播最大区别是让观众身临其境来到现场，实时地全方位体验。

在2023世界人工智能大会期间，中国移动咪咕对大会开幕式和下午的全体会议进行 VR 直播，通过行业领先的 8K FoV 技术采集会场画面，极大地突破了传统的直播形式，令观众带上 VR 头显便仿若身临其境会场前排，刷新了观众的视听体验极限。在张江分会场，一场数字音乐会也同步推出，中国移动咪咕通过搭建线上元宇宙音乐会场景，极大地丰富了演唱会观众的体验场景。

四、VR购物

2016 年被称为"中国 VR 元年"，VR 产品商业化成为大势所趋，旅游、游戏、直播、电影、医疗等行业纷纷在虚拟现实中开创新天地。VR 商城是采用 VR 技术生成的可交互的三维购物环境。戴上一副连接传感系统的"眼镜"，就能"看到" 3D 真实场景中的商铺和商品，实现各地商场随便逛，各类商品随便试。

2016 年 4 月 1 日，阿里巴巴宣布成立 VR 实验室，并首次对外透露集团 VR 战略。据介绍，阿里巴巴将发挥平台优势，同步推动 VR 内容培育和硬件孵化。也就是说，在不久的将来，用户便可以体验到"VR 购物"。

项目实施

一、跨界营销

实训目的：
掌握新的市场营销方式与手段，能针对不同的产品采用恰当的营销方式。

实训内容：
跨界营销集合了不同领域产品的优点，形成"1+1>2"的效应。对农产品进行跨界营销时，切忌过度包装，要让农产品成为营销的主角。结合农产品产地的文化特色，融入地域性特点，"潮"的同时不抗拒"土"，新意自然会"跨"出来。

"跨界"有场景跨界、次元跨界、要素跨界等不同的营销方式。假如你是市场部小李，你会如何开展跨界营销？

实训步骤：
（1）选择合适的跨界要素，并对跨界营销的可行性进行分析。
（2）制订跨界营销方案。
（3）各团队推选一名成员进行跨界营销方案陈述。

实训考核：
（1）考核跨界营销方案，可从创意、可行性、完整性等方面进行考核（占 70%）。

（2）考核个人在实训过程中的表现（占 30%）。

二、百度VR营销方案研究

实训目的：

（1）通过市场调查，具体地了解百度 VR 营销业务。

（2）选择百度 VR 营销的某一业务，分析其使用的技术、使用此技术的原因、VR 的内容选择，以及选择此内容的原因等，进一步掌握 VR 营销的实施。

实训内容：

百度 VR 作为国内领先的一站式 VR 方案解决机构，提供基于 VR 技术的营销、云展会、教育等解决方案，助力产业数字化升级。

VR 营销方案的设定与企业自身形象、开展的业务、战略布局等因素有着直接或间接的联系。通过对百度 VR 营销方案的分析，了解 VR 营销开展应考虑的要素与实际措施。

实训步骤：

（1）各项目团队根据分工，进行百度 VR 营销业务的调查和相关资料的收集。

（2）编制百度 VR 营销业务版图。

（3）深入分析百度 VR 营销业务。选择某一百度 VR 营销业务，说明其营销的目的、采用的技术、技术采用的依据（可从战略、行业、商品等角度分析）、VR 展示的内容以及内容选择的依据（可从企业、消费者、竞争者等角度分析）等，深入分析百度 VR 营销方案的实施。

（4）撰写百度 VR 营销方案分析报告。

（5）团队成员分工进行营销方案分析报告陈述。

实训考核：

（1）考核百度 VR 营销方案分析报告，可从创意、可行性、完整性等方面进行考核（占 70%）。

（2）考核个人在实训过程中的表现（占 30%）。

三、新营销，助力欢乐阳光游乐园

实训目的：

能结合企业实际，运用新营销方式。

实训内容：

欢乐阳光游乐园是一家经营多种游乐项目（如卡通人偶互动、花车巡演、旋转木马等）的综合性娱乐场所。针对游乐园的经营现状，游乐园面向公众发放了调查问卷。调查问卷显示，一方面，公众认为游乐园中虽存在一些卡通人物和形象，但都是游乐园自主推出的，并没有在动漫以及游戏等领域常见的卡通人物形象；另一方面，有些小朋友对卡通人物生活的世界非常好奇，想在游乐园中感受动漫人物在动漫世界的一天。

且现如今，随着科技的发展，VR 技术已逐渐延伸到娱乐行业，许多知名游乐园开始引入 VR 技术来为游客创建属于他们的动漫世界。假如你是游乐园的经营者，基于上述意见，你会如何运用新兴的营销手段，更好地助力游乐园的发展？

（1）游乐园可以从哪些方面与知名动漫或游戏合作，推出哪些活动或商品，从而实现跨界营销？

（2）如何借助 VR 营销，开创新的娱乐活动，吸引游客游览？

（3）如何借助近期发生的民生热点、娱乐等新闻，制造营销爆点事件，为游乐园开展一次事件营销？

实训步骤：

（1）各项目团队根据分工，进行游乐园业务的调查和相关资料的收集。

（2）制定跨界营销、VR 营销、事件营销方案。

（3）团队成员分工进行营销方案陈述。

实训考核：

（1）考核营销方案，可从创意、可行性、完整性等方面进行考核（占70%）。

（2）考核个人在实训过程中的表现（占 30%）。

项目总结

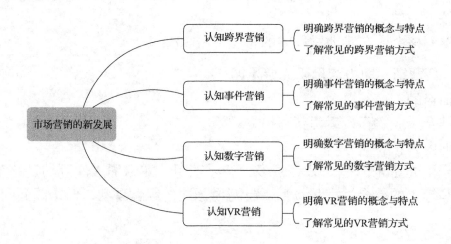

习题

一、选择题

1. 虚拟旅游属于营销种类中的（   ）。
   A. 事件营销　　　B. VR 营销　　　　C. 病毒式营销　　D. 跨界营销
2. 事件营销的特点不包括（   ）。
   A. 多样性　　　　　B. 成本高　　　　　C. 新颖性　　　　D. 目的性
3. "水井坊"品牌冠名《国家宝藏》节目进行品牌宣传，此营销方式属于（   ）。
   A. 事件营销　　　　B. VR 营销　　　　C. 病毒式营销　　　D. 跨界营销
4. 拉面说曾联合 999 感冒灵推出"暖心鸡汤"联名礼盒，此营销方式属于（   ）。
   A. 事件营销　　　　B. VR 营销　　　　C. 病毒式营销　　　D. 跨界营销
5. 借助新闻进行营销，属于营销方式中的（   ）。
   A. 事件营销　　　B. VR 营销　　　　C. 病毒式营销　　　D. 跨界营销
6. 下列选项中，对选择关键词精准度的说法表述正确的是（   ）。
   A. 用工具挖掘跟企业产品相关的所有关键词，数量越多，精准度越高
   B. 通过逆向思维，分析用户的搜索目的以及搜索习惯，寻找有效流量
   C. 关键词要选择搜索量很大、较宽泛的词，这样精准度就高
   D. 网站关键词要选择较生僻的词，这样很容易做出排名，极容易带来大量精准度高的访客

二、名词解释

跨界营销　事件营销　数字营销　VR 营销　VR 购物

三、简答题

1. 跨界营销的特点有哪些?
2. 简述事件营销的概念、特点。
3. 简述数字营销的概念、特点。
4. 简述 VR 营销的概念、特点。

四、案例分析

上网查阅《2023 中国营销趋势报告》，深度了解我国营销未来发展的趋势。

参考文献

［1］李艳娥. 营销策划实务［M］. 广州：中山大学出版社，2013.

［2］付珍鸿. 网络营销［M］. 北京：电子工业出版社，2017.

［3］［美］菲利普·科特勒，［美］凯文·莱恩·凯勒，［美］亚历山大·切尔内夫. 营销管理［M］. 16 版. 北京：中信出版集团，2022.

［4］杨毅玲. 市场营销策划实务［M］. 北京：电子工业出版社，2015.

［5］曹光华，刘德华. 市场营销策划实务［M］. 合肥：合肥工业大学出版社，2012.

［6］兰苓. 市场营销学［M］. 5 版. 北京：国家开放大学出版社，2021.

［7］刘芳，李红梅. 市场营销基础与实务［M］. 2 版. 北京：人民邮电出版社，2020.

［8］张丽，郝骞. 市场营销实务［M］. 北京：人民邮电出版社，2021.

［9］任会福，李娜，彭莉. 市场营销［M］. 北京：人民邮电出版社，2019.

［10］张娟. 营销策划［M］. 北京：北京大学出版社，2015.

［11］李东进，秦勇. 市场营销理论、工具与方法［M］. 北京：人民邮电出版社，2021.

［12］赵雨，彭坤. 新媒体推广［M］. 北京：人民邮电出版社，2020.

［13］许春燕.《新编市场营销》［M］. 2 版. 北京：电子工业出版社，2023.

［14］孙玮琳，石琼. 营销策划实训［M］. 大连：东北财经大学出版社，2011.